FR

W0067138

Helen Liebendörfer

Spaziergänge in Basel
für Touristen und Einheimische

Friedrich Reinhardt Verlag

Titelbild:
An den längsten Tagen des Jahres scheint die Abendsonne durch die beiden Quer-
schiff-Radfenster des Münsters und beleuchtet den 1856 von Paul Deschwanden
gemalten Engel des Weltgerichts, Ausführung Max Emanuel Ainmüller.

Rückseite:
Bettina Eichins Helvetia schaut rheinabwärts.

Die Deutsche Bibliothek – CIP-Einheitsaufnahme

Liebendörfer, Helen:
Spaziergänge in Basel : für Touristen und Einheimische /
Helen Liebendörfer. - 3., überarb. Aufl. - Basel : F. Reinhardt, 2000
ISBN 3-7245-1145-0

© 2000 by Friedrich Reinhardt Verlag, Basel
Fotos: Alfred Jenni, Basel
Lithos: Reinhardt Druck Basel
Printed in Switzerland by Reinhardt Druck Basel
ISBN 3-7245-1145-0

Inhalt

Man sollte Basel zu Fuss entdecken

Basel ist eine Stadt, die man entdecken muss, denn in Basel zeigt man nicht, was man hat. «Me git nyt und me zaigt nyt», sagt ein Sprichwort. Das heisst nicht, dass man nichts gibt, aber es geht niemanden etwas an!

Als ich das einmal einer Gruppe von Diplomaten erzählte und kurz ins Englische übersetzte: «We don't show, what we have», erwiderte einer der Herren bedeutungsvollen Gesichtes: «But we know, that you have ...!»

Am besten entdeckt man ja die Schönheiten einer Stadt zu Fuss, das ist auch in Basel so. Der klassische Altstadtrundgang führt vom Münster zum Marktplatz und via Imbergässlein, Nadelberg und Heuberg zum Barfüsserplatz.

Vom Münster bis zum Barfüsserplatz

Die Pfalz über dem Rhein

Um einen ersten, guten Überblick zu bekommen, empfiehlt es sich, zum Münster zu spazieren. Hinter dem Münster auf der Terrasse, Pfalz genannt, finden Sie einen der schönsten Plätze, um sich in Ruhe mit der Stadt anzufreunden.

Von hier aus blickt man auf den Rhein, der majestätisch durch die Stadt fliesst, auf die Brücken, auf die gegenüberliegende Rheinseite und weit über das Land, bis hin zu den dunklen Waldhügeln des Schwarzwalds. Die Biegung des Rheins nach Norden, das Rheinknie, ist das geografische Symbol der Stadt.

Die Lage am Rande dreier Länder war immer schicksalsbestimmend für Basel. Man kann erahnen, wie die Grenzen verlaufen. Das unbebaute Land gegenüber gehört bereits zu Deutschland, während rheinabwärts gesehen, direkt hinter den Hochhäusern der chemischen Industrien, sich die Grenze nach Frankreich befindet.

Auf der gegenüberliegenden Rheinseite sehen Sie Kleinbasel, Sie selbst stehen im Grossbasel.

Brücken und Fähren

Sechs Brücken verbinden Grossbasel mit Kleinbasel. Die erste war die Brücke mit der Kapelle darauf, heute Mittlere Brücke genannt. Zwischen den Brücken befinden sich jeweils Fähren. Es ist etwas ganz Typisches von Basel, diese Fähren. Sie fahren ohne Motor. In der heutigen umweltbewussten Zeit besonders erwähnenswert! Die «Fähri» ist mit einer Rolle am Seil befestigt, das Sie über den Fluss gespannt erkennen können. Der Fährmann stellt nun sein Boot quer zum Strom, und so wird es automatisch auf die andere Seite geführt.
Übrigens: Wenn man in Basel etwas erzählt, was man nicht so ganz glaubt, sagt man: «Verzell du das em Fährima!»

Romanische Elefanten am Münsterchor

Betrachtet man von der Pfalz aus die Chorseite des Münsters, so entdeckt man viele köstliche Einzelheiten. Die Figuren und die untere Partie des Chores stammen aus dem 12. Jahrhundert. Besonders hübsch sind die Elefanten bei den Fenstern. Man sieht sehr schön, dass dieser Steinmetz noch nie so ein Tier zu Gesicht bekommen hat! Man geht also besser in den Zoo, um sich Elefanten anzuschauen …
Spazieren Sie nun bei der Chorpartie linker Hand durch die kleine Passage zwischen der Niklauskapelle und dem Münster. Sie gelangen so in den Kreuzgang.

Der Münsterkreuzgang

Der Kreuzgang des Münsters stammt aus dem 15. Jahrhundert, steht aber auf romanischen Fundamenten. Er ist mit abwechslungsreichen, kunstvollen Masswerkfenstern versehen, keines ist gleich gearbeitet!
Ein Kreuzgang erinnert meist an ein Kloster. Das Basler Münster war jedoch nie eine Klosterkirche. Hier hat der Kreuzgang dem Bischof und seinen Domherren gedient.
Nach der Reformation (1529), als der Bischof und die Domherren die Stadt verlassen hatten, benutzte man den Kreuzgang, um Leute zu begraben. So finden Sie hier viele bedeutende Basler Familiennamen auf den Grabsteinen, Ratsherren, Gelehrte, Kaufleute und auch Handwerker (Burckhardt, Sarasin, Merian usw.). In der Halle zwischen dem grossen und dem kleinen Kreuzgang befindet sich unter anderem das ovale Epitaph des berühmten Mathematikers Bernoulli.

Die Holzdecke dieser Halle stammt auch aus dem 15. Jahrhundert. Sie war einst bemalt, man sieht es noch beim geschnitzten Tragbalken in der Mitte.

Im Obergeschoss der Niklauskapelle beim kleinen Kreuzgang linker Hand kann man zwei Fenster sehen. Dahinter liegt der so genannte Konziliumssaal, einst der Kapitelsaal, in welchem von 1431 bis 1448 ein Konzil getagt hat.

Das Münster

Von der Abgeschiedenheit des Kreuzgangs gelangen Sie zum Münsterplatz.

Sie stehen nun vor der ehemaligen Bischofskirche des Bistums Basel. Die Bischöfe residierten hier spätestens vom 8. Jahrhundert an, denn von dieser Zeit an sind ihre Namen lückenlos überliefert. Die Bischofskirche, die vom berühmten Bischof Haito vergrössert und verschönert wurde um 800, ist durch die Magyaren im Jahre 917 zerstört worden.

Ein neues Münster, das so genannte **Heinrichsmünster**, wurde im Jahre 1019 durch Kaiser Heinrich II. eingeweiht, wobei er reiche Schenkungen vornahm. Ebenso übergab er dem Bischof auch die weltlichen Rechte.

Fähre, Mittlere Brücke, Münster und Martinskirche.

11

Man kann sich heute schwer vorstellen, was dieser Bischofssitz im Mittelalter bedeutete. Er war das geistige und weltliche Zentrum des ganzen Gebietes ringsum. Grosse religiöse und politische Ereignisse fanden im und um das Münster statt, Prozessionen, Turniere, aber auch Märkte, denn der Bischof hatte auch das Marktrecht. Der Bischof vertrat gleichzeitig den Papst und den Kaiser, denn er war Lehensmann des Kaisers, aber als geistlicher Herr dem Papst unterstellt.

Das prachtvolle Heinrichsmünster fiel einem Brand zum Opfer im Jahre 1085. Man begann sofort mit dem Wiederaufbau, und was heute zu sehen ist, ist vor allem dieser Bau aus dem 12. Jahrhundert, in spätromanischem Stil gehalten.

Die **Hauptfassade** allerdings besteht hauptsächlich aus gotischen Bauteilen. Das kommt von einem Erdbeben, das im Jahre 1356 die Stadt und Teile des Münsters zerstört hat. Die exponierten Teile der Kirche sind damals eingestürzt und beim Wiederaufbau im Stil der damaligen Zeit – gotisch – neu erbaut worden. Die letzte Kreuzblume wurde um 1500 auf den Martinsturm aufgesetzt. Einzig beim Georgsturm links kann man bei den hellen Stellen romanische Strukturen sehen, also einen Teil des romanischen Turmes, der das Erdbeben überstanden hat.

Die beiden **Türme** sind nach den Standbildern benannt, die sich zu ihren Füssen befinden. Da ist links der Ritter Georg zu sehen, mit dem Drachen kämpfend, und ganz rechts der heilige Martin. Allerdings ist der heilige Martin ohne den Bettler, mit dem er seinen Mantel teilt, nicht sofort zu erkennen. Natürlich war früher ein Bettler dabei, aber das protestantische Basel des späten 16. Jahrhunderts wollte überhaupt keine Heiligen mehr am Münster sehen. So hat man sie umfunktioniert: Dem heiligen Martin hat man eine Krone aufgesetzt und den Bettler in einen Baumstrunk verwandelt. Unterdessen ist man längst wieder davon abgekommen, aber der Bettler konnte nicht wiederhergestellt werden.

Das **Hauptportal** hat die Reformationsstürme von 1529 nicht unbeschadet überstanden. Auf der leeren Säule zwischen den Torflügeln muss man sich eine Marienstatue vorstellen, denn das Münster war eine Marienkirche bis zur Reformation. Die Statue ist leider im Bildersturm zerstört worden. Ebenfalls das Bogenfeld darüber.

Zum Glück sind aber die Bogenläufe in ihrer ganzen Pracht erhalten. Es ist hier der Eingang zum Paradies dargestellt (im Mittelalter war eine Kirche das Symbol des Paradieses): Da hat es wunderbare Rosen, viele entzückende Engel und disputierende Propheten und im innersten Bogenlauf Trauben. Im Bogenspitz findet man zudem noch Abraham

Das Münster, die ehemalige Bischofskirche des Bistums Basel, ist das Wahrzeichen unserer Stadt.

mit einem Grüppchen von Seligen im Schoss. Das alles aufs Feinste herausgearbeitet aus dem roten Sandstein.

Rechts und links neben dem Eingangsportal befinden sich noch je zwei Figurenpaare (13. Jahrhundert). Auf der linken Seite stehen Kaiser Heinrich II. und seine Frau Kunigunde. Kaiser Heinrich II. hat nicht nur das Münster im Jahre 1019 eingeweiht und dem Bischof die weltlichen Rechte verliehen, sondern er war auch der Stadtpatron. Durch das ganze Mittelalter hindurch wurde er hoch verehrt.

Köstlich sind die beiden Figuren rechts vom Eingangsportal. Sie gehörten einst zu einem ganzen Zyklus, mit den törichten und klugen Jungfrauen und dem Herrn dieser Welt. Heute sieht man von dieser Gruppe noch den Verführer und eine törichte Jungfrau. Betrachten Sie die Jungfrau, schauen Sie, wie sie lächelt! Sie öffnet auch bereits das Kleid, während der Verführer ebenfalls lächelt. Von vorne ist er ein eleganter junger Mann, schauen Sie ihm aber auch auf den Rücken: Es hat Schlangen und Kröten darauf, um zu zeigen, dass das ein Verführer ist! Es wäre schön, wenn mans immer so einfach feststellen könnte …

Die Hauptfassade des Münsters ist übrigens am stimmungsvollsten im Abendlicht, wenn die Sonne warm auf den roten Sandstein scheint.

Im Innern empfängt einen die ganze schlichte Schönheit des Bauwerkes. Der **spätromanische Stil** des 12. Jahrhunderts kommt nun deutlich zum Ausdruck. Die mächtigen Pfeiler steigen wuchtig in die Höhe. Mit grosser Sorgfalt sind die einzelnen Quader der gewaltigen Mauern behauen. In den Spitzbogen-Arkaden, die bereits den alten Rundbogen verdrängt haben, zeigt sich übrigens nordfranzösischer Einfluss, während der Wechsel zwischen roten und grauen Quadern an maurische Vorbilder erinnert.

Sie finden aber auch **gotische Bauteile**: Das Gewölbe des hohen Mittelschiffes und der obere Teil des Chores sind nach dem Einsturz durch das Erdbeben von 1356 im gotischen Stil wieder aufgebaut worden.

Als Bischofskirche hat der Raum ganz anders gewirkt, waren doch im ganzen Münster etwa 40 Altäre aufgestellt mit Kerzen, Statuen und Bildwerken. Zwischen dem Volk und der Geistlichkeit gab es auch eine deutliche Trennung, den Lettner. Man hat ihn leider im 19. Jahrhundert versetzt, er dient seither als Orgelempore. Man strebte damals einen neogotischen Grossraum an und zerstörte damit leider entscheidend den romanischen Eindruck.

Die wunderschöne **Kanzel** wurde 1486 geschaffen. Im ersten Moment meint man, sie sei aus Holz geschnitzt, aber sie ist ein Meisterwerk aus rotem Sandstein. Sie wird Meister Hans von Nussdorf zugeschrieben.

Roten Sandstein holte man übrigens im badischen Degerfelden, in Warmbach und aus dem Wiesental.

Zu Füssen der Kanzel steht der Altartisch. Sie befinden sich in einer unter dem Einfluss von Zwingli reformierten Kirche, deshalb steht kein Kreuz auf dem Altartisch. Daneben ist im Boden eingelassen ein Medaillon zu sehen mit einem Drachen. Die eingelegte Ritzzeichnung des Drachens mit dem Furcht erregenden roten Kopf ist um 1170 entstanden. Der Drache galt als Symbol des Bösen. Man konnte demonstrativ darüber schreiten, um zu zeigen, dass Gott einen schützt vor dem Bösen (nach Psalm 91). Natürlich darf man das auch heute noch …

Von der **Vierung** aus entdeckt man in der Ecke des südlichen Querschiffs einen steinernen Bischofsthron (1380), sowie daneben den Taufstein (1465), ebenfalls eine Arbeit aus rotem Sandstein. Das Rundfenster weit oben im südlichen Querschiff zeigt einen grossen Davidsstern. Zu jener Zeit (um 1300) hatte der Davidsstern eine ganz andere Bedeutung als heutzutage. Er ist ein uraltes Symbol für die Polarität von Himmel und Erde (zwei Dreiecke). In der Fensterscheibe des 19. Jahrhunderts sieht man Jesus Christus und Engel (siehe das Umschlagbild). Auch die Scheiben im Chor stammen aus dem 19. Jahrhundert. Sie zeigen die vier Evangelisten, sowie Moses und David, Petrus und Paulus.

In beiden Querschiffen und in der Vierung selbst ist das ehemalige **Chorgestühl** (14. Jahrhundert) aufgestellt. Hier kann man viele köstliche Einzelheiten entdecken, besonders unter den so genannten Misericordien (kleine Konsolen unter den Klappsitzen). Die Misericordien dienten den Chorherren zum leichten Abstützen beim stundenlangen Stehen zum Singen und Beten.

In der **Krypta** – der Grablege früherer Zeiten – steht gegen Osten in einer Nische ein Sarkophag. «Bischof Rudolf, von den Heiden erschlagen». Damit sind die Magyaren gemeint, die um 917 die Stadt überfallen und das karolingische Münster zerstört haben.

Wie es sich für eine Marienkirche gehörte, diente diese Nische einst dem Altar der Maria. Er befand sich an heiligster Stelle gegen Osten. Die Bilder am Gewölbe (Ende 14. Jahrhundert) zeigen das Leben Marias: Es beginnt mit den Eltern, Joachim und Anna, der Geburt Marias und dem Tempelgang. Und setzt sich fort mit der Geburt Jesu, den heiligen drei Königen und der Flucht nach Ägypten.

Steigen Sie nun wieder die Treppe hoch und gleich weiter hinauf in den **Chor**. Im Chor, ganz im Osten an der Umfassungsmauer, befindet sich ein Geländer, bei dem man Wandmalereien sehen kann mit zwei Bischöfen und einer Inschrift. Sie ist datiert mit 1202. Die beiden Bischöfe konnten Sie bereits von der Krypta aus erblicken. Das kommt daher, dass hier ursprünglich kein Boden war, sondern ein offener Chorumgang, der bei Prozessionen benutzt wurde. Erst nach dem Erdbeben ist ein Boden eingezogen worden zur besseren Stabilisation.

Dass man heute auf diesem Boden stehen kann, hat den grossen Vorteil, dass man die **romanischen Kapitelle** (12. Jahrhundert) praktisch in Augenhöhe betrachten kann.

Dargestellt sind (beginnend beim vorigen Standort nach Norden): Die Geschichte von Pyramus und Thisbe (symbolisch für den Opfertod Christi), Dietrich von Bern (symbolisch für den christlichen Glauben, der errettet vor dem Bösen), sowie der Sündenfall und Alexander im Greifengespann (Symbol für Überheblichkeit).

Nun befinden Sie sich an der nördlichen Chorwand beim **Grab** der Gemahlin von Rudolf von Habsburg: **Königin Gertrud Anna**. Das schöne Tischgrab zeigt die edle Figur der Königin und ihr Söhnchen. Das ganze Grab war früher bemalt, man kann es beim Kopfkissen der Königin noch sehr schön erkennen.

Die Königin ist 1281 gestorben, aber nicht etwa in Basel, sondern in Wien. Sie hat aber als letzten Wunsch geäussert, in Basel begraben zu werden. Einerseits, weil der damalige Bischof ihr Vertrauter war, andererseits, weil sie kurz zuvor ein Kind verloren hatte, welches im Münster von Basel begraben war.

Man kann sich kaum vorstellen, was es bedeutete, in jener Zeit einen Leichnam von Wien nach Basel zu transportieren! Man zog mit einem Pferdegespann langsam von Dorf zu Dorf und kam schliesslich nach sechs Wochen in Basel an.

Die Gebeine sind heute allerdings nicht mehr in der Gruft. Sie wurden Ende des 18. Jahrhunderts ins Kloster St. Blasien überführt, und bei dessen Aufhebung brachten sie die Mönche nach Kärnten ins Lavanttal. Aber schon einige Jahrzehnte nach der Beisetzung in Basel fragten sich die Domherren, ob sich die Gebeine der Königin wirklich in diesem Grab befänden. Es heisst so schön in den Annalen: «Da beisze die thumbherren der wunderfitz, das sie das königlich grab öffneten: funden darinn der königin körper in guter ordnung, und neben ihren ein unordentlich häuflin gebeins, von dem jungen herrlin Carolo.»

Bleiben Sie auf der Nordseite des Münsters, steigen Sie die Treppe wieder hinunter zur Vierung und begeben Sie sich ins äussere nördliche Seitenschiff. Da finden Sie das Grab des **Erasmus von Rotterdam**. Er ist 1536 in Basel gestorben und liegt hier begraben. Erasmus weilte in Basel, weil dies zu seiner Zeit eine bedeutende Buchdruckerstadt war. Er liess hier seine Bücher drucken und überwachte gleichzeitig die Arbeiten. So ist beispielsweise seine Neubearbeitung des Neuen Testamentes (Griechisch/Latein) in Basel gedruckt worden. Auch das «Lob der Torheit» gehört zu den Kostbarkeiten, die Erasmus geschrieben hat. Ein besonderes Exemplar, versehen mit Randzeichnungen von Holbein wird im Basler Kupferstichkabinett aufbewahrt.

An der Ostwand des nördlichen Seitenschiffes befindet sich eine weitere Kostbarkeit des Basler Münsters. Es ist die **Vincentiustafel**. Sie stammt vom Ende des 11. Jahrhunderts und war wohl ursprünglich an der Abschrankung zum Chor angebracht. Vergegenwärtigen wir uns, dass die Leute in jener Zeit nicht lesen konnten. Sie haben diese Tafel betrachtet wie die Kinder die Comic-Strips heute. Sie konnten aus den Bildern die Geschichte herauslesen:

Der heilige Vincentius lebte zur Zeit der Christenverfolgung im 3. Jahrhundert. Auf dem ersten Bild (oben links) sieht man Vincentius vor dem Richter. Er soll von seinem christlichen Glauben ablassen. Das will er aber nicht. So wird er ausgepeitscht (zweites Bild) und danach ins Gefängnis geworfen (drittes Bild). Oben in der Ecke kann man bei diesem Bild einen Engel sehen, der kommt, um Vincentius zu trösten. Aber nicht genug der Leiden: Auf dem folgenden Bild wird Vincentius bei lebendigem Leibe geröstet. Über ihm schwebt ein Engel, der ihm Linderung bringt. Vincentius stirbt bei diesem schrecklichen Martyrium. Auf dem folgenden Bild (untere Reihe links) sieht man, wie zwei Engel seine Seele in den Himmel bringen, während Männer seinen Leichnam nehmen und den wilden Tieren zum Frass vorwerfen. Aber drei Raben beschützen ihn. Um den Leichnam doch noch loszuwerden, wirft man ihn ins Meer (folgendes Bild). Aber die Glaubensbrüder finden ihn, begraben ihn und bauen ihm eine Kirche. Die Einzelheiten sind ganz herrlich: Man entdeckt bei genauerem Hinsehen beim Gefängnisturm zum Beispiel einen kleinen Teufel am Fenster sitzen, der dem Richter etwas Böses ins Ohr flüstert, oder beim selben Bild einen Mann, der eifrig den Blasbalg betätigt, um das Feuer anzufachen – oder beim letzten Bild die beiden Raben auf der Säule, die zufrieden sind, dass die Geschichte endlich ein gutes Ende gefunden hat …

Im anderen (südlichen) Seitenschiff befindet sich an derselben Stelle noch eine weitere Tafel. Man sieht darauf **sechs Apostel**. Natürlich waren es einst zwölf, aber leider ist die zweite Tafel verloren gegangen. Je zwei Apostel – ihre Namen sind angeschrieben – stehen unter einem Bogen in ein Gespräch vertieft. In fast antiker Art und Weise dargestellt, dürfte die Tafel um etwa dieselbe Zeit wie die Vincentiustafel entstanden sein (Ende 11. Jahrhundert).

Ähnlich in der Darstellung muss man sich auch die **goldene Altartafel** vorstellen, die Kaiser Heinrich II. geschenkt hat, und die heute in Paris im Musée de Cluny zu bewundern ist. Sie gehörte einst zum grossen Basler Münsterschatz, der leider im letzten Jahrhundert in alle Welt zerstreut worden ist. Als 1833 der Kanton Basel in die Kantone Basel-Stadt und Basel-Landschaft geteilt wurde, hat man das Vermögen aufgeteilt – auch den Münsterschatz. Der Kanton Baselland brauchte aber vor allem Geld, um den neuen Staat aufzubauen. So hat er seinen Anteil des Schatzes versteigert, darunter die herrliche Altartafel aus purem Gold. Man muss eine kleine Weltreise machen, wenn man den Basler Münsterschatz zusammensuchen will. Den baselstädtischen Teil aber findet man im Historischen Museum. Er ist immer noch sehr reichhaltig und beeindruckend.

Galluspforte und Glücksrad

Wir verlassen nun den stimmungsvollen Raum, begeben uns aussen nach rechts zu einem weiteren Höhepunkt des Basler Münsters, zur **Galluspforte** auf der Nordseite. Sie ist wohl das bedeutendste romanische Portal am Oberrhein und stammt ebenfalls aus dem 12. Jahrhundert. (Sie sehen hier das Original!) Sie heisst Galluspforte, weil sich im Münster hinter diesem Portal der Altar des heiligen Gallus befand.

Die Pforte ist steingewordene Predigt für die Leute, die damals nicht lesen konnten. Dargestellt ist das Jüngste Gericht, nach Matthäus 25. Im Bogenfeld sitzt Jesus Christus als Weltherrscher. Links neben ihm (vom Betrachter aus gesehen) steht Petrus mit dem Schlüssel in der Hand. Daneben kniet der Stifter dieser Pforte mit dem Modell. Rechts von Christus ist Paulus und ein Engel mit der Frau des Stifters zu sehen.

Im Türsturz darunter ist das Gleichnis der törichten und der klugen Jungfrauen dargestellt. Rechts die törichten Jungfrauen. Sie waren nicht bereit, mit ihren Lampen den Bräutigam zum Hochzeitsfest zu empfangen, deshalb ist die Türe geschlossen. Links die weisen Jungfrauen. Ihre Lampen brennen, sie sind bereit, und Christus steht an der Tür und öffnet ihnen. Interessant, wie die Jungfrauen unterschiedlich dargestellt sind: Die törichten mit langem, offenem Haar, die weisen gekleidet wie Nonnen!

Links und rechts vom Eingangstor sind hinter den Säulen die vier Evangelisten mit ihren Symbolen zu finden. Auf beiden Seiten des Portals aufeinander geschichtete Tabernakel mit den Werken der christlichen Barmherzigkeit («Ich war hungrig, du hast mir zu essen gegeben», usw.). Darüber links die Statue Johannes des Täufers und auf derselben Höhe rechts Johannes der Evangelist. Über diesen beiden Figuren blasen zwei Engel zum Jüngsten Gericht, und daneben sieht man, wie

Die berühmte romanische Galluspforte (12. Jh.).

die Toten aus ihren Gräbern steigen, um beim Jüngsten Gericht zu erscheinen.

Weiter oben findet man eine seltene monumentale Darstellung des **Glücksrad**es. Wer hat nicht schon erlebt, wie sich das Glück dreht und wendet? Rechts fallen die Figuren langsam nach unten, links steigen sie wieder hoch, um dann wieder nach unten zu fallen, und so fort.

«Wenn man nur manchmal wüsste, ob man bald unten angekommen ist», seufzte eine Dame beim Betrachten des Rades, «es wäre leichter auszuhalten, wenn man wüsste, jetzt geht es gleich wieder aufwärts.»

Der Münsterplatz

Der Münsterplatz gehört zu den schönsten Plätzen Europas. Bis vor wenigen Jahren wurde er als Parkplatz benutzt und als «Europas schönster Parkplatz» bezeichnet. Die Häuser rings um den Platz wurden einst von den Domherren des Bischofs bewohnt. Nach der Reformation verliessen die Domherren die Stadt und zogen nach Freiburg im Breisgau. Ihre Häuser am Münsterplatz wurden danach von Glaubensflüchtlingen gekauft.

Die protestantische Stadt Basel nahm Glaubensflüchtlinge auf, vor allem Leute, die entweder Geld hatten oder ein Handwerk mitbrachten, das man nicht kannte. Das waren in erster Linie die Seidenhandherren mit der **Seidenbandindustrie**.

Die neuen Besitzer liessen die Häuser modernisieren, das heisst im barocken Stil umbauen. Allerdings nur die Fassade, von hinten sind viele Häuser am Platz noch gotisch. Sie können das sehr schön sehen beim Rollerhof (Münsterplatz Nr. 20). Gehen Sie von der Galluspforte unter den Kastanienbäumen durch, so gelangen Sie zum Rollerhof. Beim grossen Hoftor finden Sie den Eingang zu einem Kaffee, zu welchem auch ein lauschiger kleiner Hof gehört mit einem Brunnen. Die Hinterfront des Rollerhofs ist ganz im gotischen Stil erhalten, ausser den Holzbalustraden aus dem 17. Jahrhundert. In den oberen Stockwerken wohnte die Familie. Das unterste Stockwerk wurde, wie immer in früheren Zeiten, für die beruflichen Obliegenheiten des Hausherrn benutzt, hier also vom Seidenbandherren. Da war sein Kontor, sowie Lagerräume, und dazu auch ein Baselbieterstübli, der Raum, wo man die Seidenbänder abgeliefert hat. Sie wurden auf dem Lande in den Bauernhäusern auf grossen Bandstühlen gewoben und dann nach Basel gebracht.

Die Seidenbänder waren gross in Mode im 18. und 19. Jahrhundert. Eine Dame war nur eine Dame, wenn sie mindestens einige Meter Seidenband auf ihrem Hut hatte! Basels Seidenbandherren gehörten zu den führenden Handelsherren jener Zeit.

Die Seide musste auch gefärbt werden. Als dann die Seidenbänder aus der Mode kamen, hat man die Farbindustrie weiter entwickelt. Daraus sind die heutigen **chemischen Industrien** entstanden. Die Bedeutung der Weltkonzerne für die Stadt Basel kann gar nicht hoch genug eingeschätzt werden. Es gibt heute kaum eine Familie in Basel, wo nicht Vater, Mutter, Tante oder Onkel in den chemischen Industrien arbeiten, in der Novartis (bisher Ciba-Geigy und Sandoz) sowie der Hoffmann-La Roche.

Leise plätschert der kleine Brunnen im Hof. Gewöhnliche Leute mussten ihr Wasser an den öffentlichen Brunnen holen, von denen es sehr viele gab in Basel. Wer genug Geld hatte, konnte sich aber einen eigenen Brunnen im Hof leisten. Die Wasserleitung zu diesem hier im Rollerhof wurde bereits 1377 errichtet und gehört zum ältesten **Brunnwerk** Basels.

Das Brunnwerk des Bischofs, welches im 13. Jahrhundert erstellt worden ist, speiste vor allem den grossen Brunnen auf dem Münsterplatz, der heute unter den mächtigen Kastanienbäumen still vor sich hinträumt. 1785 wurde der mittelalterliche durch den heutigen prachtvollen Brunnen ersetzt. Kein geringerer als der berühmte Baumeister der Kathedrale von Solothurn Paolo Antonio Pisoni hat ihn entworfen. Die klaren Proportionen verraten die Meisterhand. Die Häuser hinter dem Pisoni-Brunnen, etwas versteckt hinter den Bäumen, haben eine andere Kostbarkeit zu bieten: Den Eingang zum Marionetten-Theater. Beachten Sie den Spielplan (bei Basel Tourismus erhältlich).

Vom Münsterplatz zur Martinskirche

Der kürzeste Weg vom Münster zum Marktplatz führt den Schlüsselberg hinunter. Wir aber gehen durch die **Augustinergasse** und über den Rheinsprung.

Die Augustinergasse heisst so, weil hier ein Kloster der Augustiner gestanden hat. Nach der Reformation durfte es, wie alle Klöster in Basel, niemand neuen mehr aufnehmen. So sind mit den Jahren alle Bauten leer geworden. Das Augustinerkloster wurde bald von der Universität für Vorlesungen benutzt, und «Oberes Kollegium» genannt.

An Stelle der Klostergebäude befindet sich heute das **Naturhistorische Museum** und das **Museum der Kulturen**. Der prachtvolle Bau im klassizistischen Stil ist nicht zu übersehen. Er wurde in den 1840er-Jahren von Melchior Berri erstellt. Das Gebäude war gedacht für die

Sammlungsbestände der Stadt Basel, die damals schon sehr vielseitig waren. Deshalb steht über dem Portal einfach «Museum». Unterdessen sind aus dieser Sammlung 30 Museen entstanden. Heute befinden sich hier zwei davon, die zu den ganz grossen und sehr beliebten Museen zählen: Im Naturhistorischen Museum etwa besichtigen die Kinder mit Begeisterung die Saurier und das Mammut, im Museum der Kulturen verzaubert jeden Besucher die Ausstellung über Papua-Neuguinea, um von den vielen Herrlichkeiten nur einige aufzuzählen.

Das Gebäude erscheint einem von der Gasse her etwas gar riesig dimensioniert. Dazu muss man wissen, dass man anfänglich plante, die ganze Häuserzeile gegenüber dem Museum abzureissen! Die Fassade des Museums wäre damit vom Rhein her offen zu betrachten gewesen. Zum Glück ist es aber nicht soweit gekommen. Die ganze Häuserzeile mit den vielen gotischen Fenstern und dem Blick zum Münster ist in ihrer Geschlossenheit nämlich eine wahre Freude.

Der Brunnen mit dem Basilisken ist einer der vielen Renaissance-Brunnen der Stadt. Der **Basilisk** ist ein ganz besonderes Tier: Es besitzt einen Hahnenkopf, Fledermausflügel und einen Drachenschwanz. Es schlüpft, so glaubte man früher, aus einem Ei, das ein Hahn legt! Daran hat man fest geglaubt, gibt es doch Urkunden, die davon berichten, wie ein Hahn geköpft und verbrannt wurde, weil er ein Ei gelegt hatte (auch das Ei hat man feierlich verbrannt). «Viecher haben die in der Schweiz!», rief einmal eine Gruppe schwäbischer Landfrauen dazu aus.

Der Basilisk trägt das Wappen der Stadt Basel: Einen stilisierten Bischofsstab, schwarz auf weissem Grund. Der Name «Basel» ist nicht sicher deutbar. Bei der ersten Erwähnung im Jahre 374 n. Chr. wird eine Festung in der Nähe von «Basilia» genannt. Keltische Wörter für Wasser und Eber klingen ähnlich, man könnte also an «Wasserstadt» oder «Eberstadt» denken, genauso gut aber auch an «Basileia», die Königliche.

Sie finden die Figur des Basilisken mit dem Baslerstab überall in der Stadt, zum Beispiel am Rathaus, und es gibt auch kleine, grüne Brunnen mit diesem Tier darauf. Das Tier ist nicht zu verwechseln mit dem Vogel Gryff (siehe Kleinbasel). Der Vogel Gryff hat den Kopf eines Greifenvogels, der Basilisk aber den Kopf eines Hahns.

Übrigens hat der Basilisk gehaust in einem Lochbrunnen (Quelle) in der Gerbergasse. Falls Sie dort spazieren gehen und ihm begegnen sollten, hier das Rezept, wie Sie den Basilisken auf die einfachste Art töten können: Nehmen Sie sofort einen Spiegel aus der Tasche und halten Sie ihn dem Basilisken vor das Gesicht. Mit seinem stechenden Blick tötet er sich somit selbst.

Wenn Sie die Augustinergasse in derselben Richtung weiter gehen, kommen Sie zu zwei wunderbaren Barockhäusern, die einfach «**das Weisse und das Blaue Haus**» genannt werden. Lohnender ist es, diese prächtigen Bauten von der Rückseite her zu betrachten. Es ist nur ein kleiner Umweg. Dazu nehmen Sie beim Basilisken-Brunnen die Quergasse und kommen so in der **Martinsgasse** zu den Ehrenhöfen der beiden Häuser. Die miteinander verbundenen Bauten zählen zu den grossartigsten Werken der Barock-Architektur in Basel.

Beide Häuser wurden für Seidenbandherren errichtet. Es waren zwei Gebrüder Sarasin, wohlhabende Herren des 18. Jahrhunderts. Sie liessen sich diese Prachtbauten 1762–1768 errichten von Samuel Werenfels, einem bedeutenden Architekten jener Zeit (er hat z.B. auch das Stadthaus gebaut). Werenfels hat nicht nur die Häuser, sondern auch das einzigartige Schmiedeisengitter des Blauen Hauses entworfen. Es ist beidseitig zu bewundern – Kunsthandwerk in höchster Vollendung!

Im Blauen Haus finden Sie wieder den eigenen Brunnen im Hof, dahinter führt eine Treppe mit einem ebenfalls wunderschönen Geländer zum eigentlichen Wohntrakt.

In diesem Haus hat einst Kaiser Franz von Österreich logiert. Das war beim grossen Treffen der gekrönten Häupter im Jahre 1814. Damals wurde die Basler Rheinbrücke von den alliierten Truppen als Rheinübergang benutzt, um gegen Napoleon zu ziehen. Mit den Truppen kamen auch deren gekrönte Häupter: Der Zar Alexander I. von Russland, König Friedrich Wilhelm III. von Preussen und Kaiser Franz von Österreich. Ein grosses Ereignis für die Stadt!

Die alliierten Truppen mussten nun überall einquartiert werden, eine gewaltige Organisation! Die Tochter des damaligen Besitzers des Blauen Hauses schrieb über diese Aktion in ihr Tagebuch. Sie schildert darin, wie jedermann jemanden einquartiert bekam, sei das nun ein Leutnant oder ein General. Und dann fügt sie so nett hinzu: «Das dünkt mich das Beste, was wir bekommen konnten: den Kaiser Franz von Österreich.»

Gleich schräg gegenüber vom Blauen Haus steht das **Staatsarchiv**, ein Bau vom Anfang des 20. Jahrhunderts. Das reizende Schmiedeisengitter ist allerding von einem anderen Haus hierher versetzt worden und stammt aus dem 18. Jahrhundert. Am Gebäude können Sie beim Weitergehen lustige Détails entdecken: Über dem Eingang bei einer Türe sitzt ein Hund, jederzeit bereit loszubellen, und etwas weiter oben unter dem Dach schaut ein grosser Frosch hervor. Am besten finden Sie diese Einzelheiten, wenn Sie beim nächsten Brunnen stehen bleiben und zurückschauen.

Der Brunnen mit dem geharnischten Mann heisst Sevogelbrunnen in Erinnerung an den Anführer der Basler bei der Schlacht von St. Jakob

1444, Heman Sevogel. Der Brunnen stammt aus der Renaissance-Zeit und stand ursprünglich einmal am Marktplatz.

Gegenüber befindet sich die **Martinskirche**. Sie gilt als die älteste Pfarrkirche der Stadt, deutet doch das Patrozinium auf die fränkische Zeit. St. Martin war der hoch verehrte Heilige der Franken. Der heutige Kirchenbau stammt aus dem 13. und 14. Jahrhundert. Auch er hat beim Erdbeben Schaden genommen.

Im Turm sieht man eine Glocke hängen. Es ist eine ganz besondere Glocke, wird sie doch zum Beginn der **Herbstmesse** geläutet. Diese Messe findet seit über 500 Jahren regelmässig jeden Herbst statt (das Privileg Messen abzuhalten bekam die Stadt 1471). Der Glöckner erhält beim Einläuten einen schwarzen Wollhandschuh. Beim Ausläuten der Messe, zwei Wochen später, bekommt er dann den anderen Handschuh dazu. Eine Tradition, die noch heutzutage gepflegt wird!

Von der alten Universität zum «Lällekönig»

Das Archivgässlein rechts führt direkt zum alten Kollegiengebäude der **Universität**. Die Basler Universität wurde 1460 gegründet. Sie ist die älteste der Schweiz, und viele berühmte Professoren haben hier gelehrt. So zum Beispiel Paracelsus, Nietzsche, Jacob Burckhardt sowie die Dynastie der Bernoullis, um nur einige aufzuzählen. Heute befinden sich die verschiedenen Fakultäten in der ganzen Stadt verteilt, der Hauptsitz ist am Petersplatz.

Bergabwärts haben Sie nun einen besonders schönen Blick auf die reizenden Fachwerkhäuschen auf der linken Seite. Sie stammen alle aus dem 15. Jahrhundert. Jedes Haus hatte damals einen Namen, Hausnummern gabe es noch nicht. Gegenüber finden Sie das köstliche Wandgemälde einer Gänseliesel, von Samuel Buri 1977 gemalt.

Das folgende Gässlein linker Hand mit der Treppe zur Martinskirche heisst Elftausend Jumpfere (Jungfrauen)-Gässlein. Es heisst so in Erinnerung an den Pilgerzug der heiligen Ursula mit ihren «11 000» Jungfrauen nach Rom. Sie kamen auf dem Rhein bis Basel und stiegen dann diese Treppen hoch, um in der Martinskirche zu beten. Unterdessen weiss man, dass ein Lesefehler unterlaufen ist: Es waren nicht elftausend Jungfrauen, sondern nur elf – aber das ist ja auch ganz schön!

Unten am Rheinsprung angekommen, stehen Sie an der Stelle, wo einst ein Stadttor gestanden hat, also ein Stadtausgang zur Brücke war. Über dem Eingang des Tores hing eine Königsmaske, der «**Lällekönig**». Er streckte in regelmässigen Abständen jedem, der über die Brücke kam, die Zunge (=Lälli) heraus! Das Stadttor wurde im 19. Jahrhundert abgerissen und der Lällekönig kam ins Historische Museum. Heute können Sie einen Kopf an der Ecke oben befestigt entdecken, besser aber betrachten Sie sich den Lällekönig direkt links neben dem Eingang zum Restaurant: Er streckt noch heute regelmässig – wenn auch sehr diskret – seine Zunge heraus und verdreht die Augen.

Die **Mittlere Brücke** ist im Jahre 1226 als eine der ersten Brücken über den Rhein im Mittelalter errichtet worden. Oberhalb Basels standen in Rheinfelden und in Laufenburg schon Brücken, unterhalb Basels aber war bis zur Nordsee keine Brücke mehr. Das Bauwerk hat entscheidend zur Förderung des Handels und Verkehrs unserer Stadt beigetragen. Die heutige Brücke stammt vom Anfang des 20. Jahrhunderts und ist aus Gotthard-Granit erstellt. Von der früheren Brücke ist aber noch das so genannte **Käppelijoch** erhalten, das ist die Kapelle, die man in der Mitte sehen kann. Da musste man früher den Brückenzoll bezahlen. Und an dieser Stelle hat man auch die Ehebrecherinnen in den Rhein geworfen!

Ob man das heute auch noch so mache mit den Ehebrecherinnen, wollte ein Tourist kürzlich wissen. Bevor ich eine passende Antwort finden konnte, rief ein Basler, der am Rande zugehört hatte, laut: «Jo könne Sie dängge – die wurde jo Schlange stoh bis zum Märtplatz!»

Damit Sie sehen können, wie lange die Schlange wäre, gehen Sie nun von der Brücke her durch die Eisengasse zum Marktplatz.

Marktplatz und Rathaus

Der Markplatz ist das eigentliche Herz der Stadt, obwohl er eher mit dem Magen zu tun hat: Jeden Morgen wird hier **Markt** abgehalten (ausser sonntags). Man kann hier Gemüse, Blumen und Früchte kaufen. Hier steht aber auch das Rathaus. Es ist das wunderschöne rote Gebäude mit den Malereien, eine Sehenswürdigkeit der Stadt.

Das **Rathaus** wurde in drei verschiedenen Epochen erbaut. Der älteste Teil wurde 1504 bis 1514 erstellt, nachdem Basel der Eidgenossenschaft beigetreten war im Jahre 1501. Damals wollte man ein schöneres, repräsentativeres Rathaus haben. Dieser älteste Teil besteht aus den drei Bogeneingängen, der Uhr und dem goldenen Türmchen.

Hundert Jahre später erweiterte man den Bau (wenn Sie davor stehen nach links) und liess ihn bemalen von Hans Bock. Der bemalte Teil entspricht also dem Rathaus, das von 1600 bis 1900 hier gestanden hat. (Die Malereien wurden allerdings Anfang dieses Jahrhunderts frisch gemalt von Wilhem Ballmer, wobei er die Bilder von vorher übernahm.) Gegen 1900 wurde der ganze Marktplatz umgestaltet, vor allem wurde er vergrössert. Deshalb finden Sie einige Jugendstilhäuser rund um den Platz. Auch das Rathaus hat man damals vergrössert. Der Teil ganz links und der hohe Turm rechts wurden hinzugefügt. Es war ein umstrittenes Projekt und erforderte eine Volksabstimmung. Die Gegner fanden den Anbau mit dem Turm unmöglich: Es sähe ja aus, als ob eine Lokomotive die Freie Strasse hinauffahren wolle! Das Volk hat dann aber dem Projekt zugestimmt, und heute empfindet man den Bau als eine Einheit und kann es sich gar nicht mehr anders vorstellen.

Betrachten wir den ältesten Teil aus dem 16. Jahrhundert: Bei der Uhr kann man drei Statuen entdecken. Es sind links der Kaiser Heinrich II. und rechts seine Frau Kunigunde (wie beim Münster also der Stadtpatron und seine Gemahlin). Zwischen den beiden Statuen sehen Sie eine Justitia, merkwürdigerweise mit Krone. Eigentlich war das eine Marienstatue. Nach der Reformation wollte man aber keine Marienstatue mehr am Rathaus und hat sie kurzerhand umfunktioniert! Man hat das Kind weggenommen und dafür eine Waage und ein Schwert hinzugefügt. Die Krone hat man ihr gelassen …

Über der Uhr steht ein Bannerträger mit dem Banner der Stadt Basel. Rechts und links vom ihm befinden sich an den Zinnen die Wappen der damaligen Schweizer Kantone und befreundeten Orte von Basel. Alle Wappen links vom Bannerträger sind seitenverkehrt hingemalt. Aus heraldischen Gründen neigt man sich ehrerbietig gegen die Mitte. Unten bei den drei Eingangsportalen kann man das deutlich nachvollziehen: Immer ist der Baslerstab dargestellt im Spitzbogen, jedoch steht der mittlere und der rechtsseitige in der richtigen Richtung, derjenige links aber ist seitenverkehrt dargestellt, auch er neigt sich der Mitte zu.

Der Teil des Rathauses ganz links, der also Anfang dieses Jahrhunderts hinzugefügt worden ist, weist herrliche Jugendstildekorationen auf. Man kann am Erker zwischen den Blättern und goldenen Trauben Vögel entdecken, die daran knabbern. Auch unter den Erker lohnt es sich genauer zu schauen. Dort findet man köstliche Fratzen. In den Fensterleibungen schliesslich befinden sich Tiere, Eidechsen, Fische, Frösche und Fantasiewesen (in der untersten Fensterreihe gut zu sehen).

Am hohen Turm rechts erkennt man zuerst einen kleinen Balkon mit den Zahlen 1501–1901, damit wird an den Beitritt zur Eidgenossenschaft und die 400-Jahr-Feier erinnert. Am Turm ganz oben auf der Seite ist in voller Grösse Hans Bär abgebildet. Er war der Bannerträger von Basel während der Schlacht von Marignano und hat die Basler Fahne ehrenvoll gerettet.

Unten links neben den drei Eingangsbogen befindet sich eine Nische für die Wache. Es ist nicht ein Pranger, wie man gerne annehmen würde. Aber natürlich hat es einen Pranger auf dem Marktplatz gegeben: Es war ein hölzerner Esel mit spitzem Rückenteil, auf den man sich setzen musste – gedacht, u. a. für böse Lästermäuler!

Es lohnt sich auch sehr, in den **Rathaushof** zu gehen. Sie finden dort alle Wände mit Malereien versehen. Der hintere Gebäudeteil ist ebenfalls Anfang dieses Jahrhunderts erbaut worden und ist bemalt von Wilhem Ballmer. Zuoberst sieht man einmal mehr den Stadtpatron Heinrich II. Darunter ziehen die Eidgenossen ein in unsere Stadt.

Den ältesten Teil des Rathauses betrachtet man nun von der Rückseite her. Hier sind die Malereien zurückrestauriert worden auf die ursprüngliche Malerei von 1600 von Hans Bock. Ganz oben, und verteilt auch auf die andere Wandseite, sieht man lauter griechische Götter: Links neben der Uhr Kronos, dann Zeus, Ares (Mars), Adonis, Venus und Amor und Hermes (Merkur).

Die Malereien im Eingangsbezirk sowie bei der Galerie oberhalb der Treppe sind lauter Beispiele für die Ratsherren und Richter (früher war es auch Richthaus), damit sie unbestechlich und weise handeln sollen. Beispiele aus der Geschichte und aus der Bibel. Mit einer Ausnahme: An der Wand unter der grossen Treppe sehen sie zwei Männer im Gefängnis. Es sind zwei Maler, **Burkhard Mangold** und **Otto Plattner**, die sich hier gegenseitig porträtiert haben! Hier war früher die Arrestzelle …

Nicht zu übersehen ist schliesslich die Statue von **Munatius Plancus** auf dem hohen Podest. Er war ein römischer Feldherr. Auf seiner Grabtafel steht, dass er 44 v. Chr. in der Gegend der Rauriker eine Stadt gegründet habe. Er gilt als Stadtgründer von Basel, obwohl eher anzunehmen ist, dass damit Augusta Raurica gemeint war.

So, wie Sie Munatius Plancus hier sehen, hat man ihn sich im 16. Jahrhundert vorgestellt. In theatralischer Haltung mit wallendem Mantel, reich verziertem Panzer und kurzem Rock. Die Statue war ein Geschenk von Hans Michel, als Dank dafür, dass er Bürger von Basel werden durfte. Er überreichte die Statue der Obrigkeit mit den folgenden schönen Worten: «Den gestrengen, edlen, ehrenfesten, frommen, fürsichtigen, ehrsamen und weisen gnädigen Herren …»

Die grosse Treppe führt zum hinteren Gebäude, in welchem sich der Saal für den **Grossen Rat**, die gesetzgebende Behörde Basels, befindet. Gegenüber, im ältesten Teil des Rathauses, hält die Exekutive, in Basel **Regierungsrat** geheissen, ihre Sitzungen ab. Die Präsidenten des Grossen Rates und des Regierungsrates wechseln jedes Jahr. Sowohl das Parlament als auch die Regierung werden alle vier Jahre vom Volk gewählt, aus vielen Parteien.

Interessanterweise gibt es in Basel keinen Stadtpräsidenten, weil die Kantonsregierung und die Stadtregierung dieselbe ist. Für den kleinen Kanton Basel-Stadt, der nur aus der Stadt und aus den zwei Dörfern Riehen und Bettingen besteht, wären zwei separate Regierungsbehörden wohl ein Luxus. Die Einwohnerzahl bewegt sich um 200 000 Personen. Es gibt einen Bürgerrat, er hat aber vor allem soziale Aufgaben zu erledigen und dazu die Gesuche für die Einbürgerungen abzuklären. Er tagt im Stadthaus.

Zurück auf dem Marktplatz erblickt man neben dem Rathaus ein prachtvolles Renaissance-Gebäude. Es ist das Zunfthaus der **Weinleute**, eines der wenigen Häuser im Renaissance-Stil, die man in Basel finden kann. Es wurde 1578 wahrscheinlich vom bedeutenden Architekten Daniel Heintz erstellt aus rotem Sandstein, mit dorischen, jonischen und korinthischen Pilastern.

Die Zünfte spielten im Mittelalter politisch und gesellschaftlich eine führende Rolle in Basel. Erst zur Zeit Napoleons hatte es mit der Macht der Zünfte ein Ende, und heute sind sie vor allem eine schöne Tradition. Dazu helfen sie jährlich auch mit vielen Beiträgen soziale und kulturelle Institutionen zu unterstützen.

Durch die Altstadtgassen beim Spalenberg

Gegenüber dem Rathaus münden mehrere Gassen in den Marktplatz. Biegen Sie in die Sattelgasse ein, so kommen Sie gleich zum Restaurant «Gifthüttli». Es gehört, wie die sich gegenüber befindende «Hasenburg», zu den bevorzugten, gemütlichen Lokalen, in Basel «Beiz» genannt. Übrigens finden Sie am Dachfirst des Gifthüttli nochmals einen Lällekönig!

Beim Restaurant «Hasenburg» führt rechter Hand ein Durchgang zum **Andreasplatz**. In der Pflästerung im Boden kann man erkennen, dass auf diesem Platz einst eine Kirche gestanden hat. Die Andreaskirche gehörte der Safranzunft (Gewürzhändler vor allem). Diese hatten hier ihr Zunfthaus, bis es Ende des 14. Jahrhunderts an die Gerbergasse verlegt wurde. Die Kirche diente nach der Reformation nur noch als Lagerhaus, und schliesslich liess man sie 1791 abreissen, um mehr Luft und Licht für die Anwohner zu erhalten.

Dafür wurde ein Brunnen in die Mitte des Platzes gestellt mit der drolligen Figur eines Affen darauf.

Die Häuser rund um den Andreasplatz und auch die Häuser der angrenzenden Gassen sind sehr ansprechende, heimelige, meist gotische Häuser. Es ist kaum vorstellbar, dass Mitte dieses Jahrhunderts ein ernstzunehmender Plan zur Diskussion stand, diese Häuser alle abzureissen und einer Strasse zu opfern! Es war die Zeit, wo dem Verkehr absolute Priorität eingeräumt wurde, und diese so genannte «Tal-Entlastungsstrasse» wäre vom Fischmarkt her zum Barfüsserplatz geführt worden (der Anfang, oder wohl besser das Ende, ist beim Fischmarkt deutlich zu sehen).

Unterdessen sind die meisten Häuser restauriert und mit allem modernen Komfort ausgestattet worden. Man spaziert gerne in diesen Gassen umher und freut sich darüber. Aber trotzdem darf man auch ein Problem dabei nicht vergessen. Die Leute, welche vor der Renovation hier gewohnt haben, sind nicht mehr hier zu finden, denn natürlich sind die Mietzinse bedeutend höher geworden.

Die Treppe, welche vom Andreasplatz hinten weiterführt, können Sie benutzen, um ins **Imbergässlein** zu gelangen. Eigentlich müsste es Ingwergässlein heissen, weil hier im Mittelalter die Gewürzhändler gewohnt haben. Im Pfeffergässlein gleich quer dazu, finden Sie eigenartigerweise am Ende ein Konsulat. Es ist das Konsulat des Kingdom of Lepmuria. Überlegen Sie nicht lange, wo dieses Land wohl zu suchen sei – es existiert gar nicht. Hier befindet sich ein Fasnachtskeller der Rumpelclique (Rumpel rückwärts gelesen ergibt Lepmur!). In den Fasnachtskellern – es hat in diesem Quartier mehrere – trifft man sich nicht nur an der Fasnacht, sondern auch das Jahr hindurch zum Üben und für Festivitäten. Die Keller sind sehr originell gestaltet, meist mit Requisiten von vergangenen Fasnachtstagen, also mit Laternen und Larven.

Steigen Sie nun die Treppen des Imbergässleins hoch. So gelangen Sie zum **Nadelberg**. Ursprünglich hiess er wohl Adelberg, weil sich hier die Adelsfamilien angesiedelt hatten. Es lohnt sich, nochmals einen Blick zurückzuwerfen, das Imbergässlein hinunter und auf den Rathausturm, der dazwischen herüberwinkt.

Stellen Sie sich vor, wie es im Mittelalter hier ausgesehen hat: kein Teer, keine Autos – dafür ein Feldweg, und darauf spazierten einige Hühner und Schweine umher. Auf dem Feldweg lagen auch die Abfälle herum, denn im Mittelalter hat man diese einfach zum Fenster hinausgeworfen. Dann haben sich die Hühner und Schweine damit beschäftigt – und der Rest blieb liegen bis zum nächsten grossen Regen. Der hat dann alles ins Tal hinunter geschwemmt.

Dort floss früher der **Birsig**. Dieser kleine Fluss wurde im vergangenen Jahrhundert zugedeckt und fliesst heute unter dem Boden, denn er war auch bevölkert von Ratten und anderem Getier. Das hat nicht nur zur Übertragung verschiedenster Krankheiten geführt, sondern es war bei sommerlicher Trockenheit auch ein ziemlich übel riechendes Gewässer.

Die Geschichte des Hauses «Zur Alten Treu», Nadelberg Nr. 17 (vom Imbergässchen nach rechts), zwingt einen Zwischenhalt auf. Hier hat nämlich **Erasmus von Rotterdam** gewohnt während seines zweiten Basler Aufenthaltes (1521–1529). In diesem Haus hat ihn wohl auch Holbein aufgesucht, um den Entwurf für die berühmten Bilder des «Schreibenden Erasmus» anzufertigen (eines der Bilder hängt im Kunstmuseum Basel).

Gegenüber befinden sich die Gebäude alter Adelshöfe, der Zerkindenhof und das Schöne Haus. Sie sehen hier nur die Nebengebäude, die Hauptgebäude befinden sich nicht an der Strasse. Versuchen Sie, ob das Portal des Schönen Hauses (Nr. 6) zu öffnen ist, gehen Sie ruhig hinein – Sie befinden sich nun im Hof mit einem Brunnen und können das Hauptgebäude mit den gotischen Fenstern betrachten. Das Schöne Haus gehört zu den Bauten, die das Erdbeben von 1356 überstanden haben, da es aus Stein erstellt war. Noch heute befinden sich im Innern zwei Säle mit bemalten Deckenbalken aus dem zweiten Drittel des 13. Jahrhunderts, Kostbarkeiten europäischen Ranges. Es sind im einen Saal Fabelwesen dargestellt, während im anderen Ritterwappen vom Oberrhein zu bewundern sind.

Das Schöne Haus (im Mittelalter «Domus pulchra» geheissen) galt schon immer als besonders sehenswertes Gebäude, und Enea Silvio Piccolomini schrieb während des Basler Konzils, dass hier «die schönsten Frauen von Basel» zum Tanz erschienen seien! Heute gehört das Haus zur Universität.

Höfe, Durchgänge und Paläste

Spazieren Sie nun im Nadelberg wieder zurück Richtung Spalenberg. Hoch oben erblickt man auf der linken Seite einen alten Dachaufzug mit einem Schwan darauf. Dort gegenüber befindet sich der **Rosshof** (Nadelberg Nr. 20), ein Herrenhaus mit prachtvoller Louis XVI.-Fassade. In diesem Haus führte 1795 der französische Gesandte die Verhandlungen für den Frieden zwischen Frankreich und Preussen.

Ein Durchgang führt in einen Hof, von dem aus man das herrschaftliche Haus auch von der anderen Seite betrachten kann. Dabei erblickt man einen ganz modernen Gebäudekomplex, der in interessanter Art und Weise dem Bestehenden hinzugefügt worden ist.

Ursprünglich befanden sich hier die Stallungen der Pferde, die mit den Fuhrwerken durch das Spalentor in die Stadt kamen und dann hier ausgeschirrt wurden. In Erinnerung daran findet man im Boden eingelegt weisse Streifen mit vielen Namen darauf. Es sind lauter Pferdenamen, berühmte Pferde aus Romanen zum Beispiel, vom Rösslein Hü bis zur Rosinante, dem Pferd des Don Quijote. Das Ganze ist ein Kunstwerk von Hannes Vogel. (Ganz hinten rechts sind an einer modernen Wand kleine Täfelchen mit allen aufgeführten Pferden und ihrer Herkunft angeschrieben.) Die modernen Gebäude gehören ebenfalls zur Universität, gegen den Petersgraben hin hat es aber auch Wohnungen.

Ein anderer Ausgang (mit Baum und Treppe linker Hand) führt zu einem weiteren besonders sehenswerten Haus: dem Haus «zur Platte». Es ist einer der ersten palastähnlichen Barockbauten der Stadt und erfreut vor allem mit seinem romantisch-eingewachsenen Innenhof, den man hier ausnahmsweise von der Strasse her betrachten kann.

Wenden Sie sich wieder nach links, zurück zum Nadelberg. Bei der Einmündung der Rosshofgasse liegt gleich gegenüber ein Durchgang. Gehen Sie hindurch – Sie haben hier eine der wenigen Möglichkeiten, einen Blick hinter die Fassaden zu tun. Die lauschigen, hölzernen Lauben, bewachsen mit Rosen und Sträuchern bezaubern stets aufs Neue. Es ist ruhig, wie auf dem Dorfe, dabei befindet man sich mitten in der Stadt! Das grosse, weisse Gebäude mit der modernen Treppe und den Resten von Wandmalereien ist der **Spalenhof** von der Hinterseite. Der Haupteingang befindet sich am Spalenberg. Sollten die Fensterläden offen sein, lohnt es sich, einen Blick in den prachtvollen Saal dahinter zu werfen. Man nennt ihn den Kaisersaal. Er stammt mit seinen mächtigen Deckenbalken aus dem 16. Jahrhundert.

Zurück im Nadelberg bleibt noch ein kleines Stücklein Wegs bis zum **Spalenberg**. Dort erfreut vor allem ein kleines Wandgemälde von Ernst Rudin am Haus «zum Kirschbaum». Der Baum blüht und trägt gleichzeitig Früchte. Darunter sitzt ein Pan mit seiner Flöte. Er spielt aber nicht, sondern blickt empor zu einer Amsel, die sich auf dem Fensterrahmen niedergelassen hat …

Bummeln Sie nun gemütlich den Spalenberg hoch und freuen Sie sich an den vielen kleinen Geschäften. Dann biegen Sie nach links ab und spazieren durch den **Heuberg**. Hier haben im Mittelalter vor allem Metzger gewohnt. Ihre Stallungen mit den Tieren und dem Heu haben zum Strassennamen geführt. Auf der linken Strassenseite beeindruckt ein grosser Renaissance-Bau, der «**Spiesshof**». Er wurde vom selben Architekten erschaffen wie das Zunfthaus der Weinleute am Marktplatz, Daniel Heintz. Die vier Geschosse sind grossartig gegliedert mit jonischen Säulen, das Dachgeschoss wird von vorstehenden Voluten getragen. Der Querbau anschliessend stammt aus der Barockzeit.

Der Spiesshof hat seine ganz besondere Geschichte. Im 16. Jahrhundert wohnte hier **David Joris**, ein Glaubensflüchtling, den die protestantische Stadt aufgenommen hatte. Er war ein sehr wohlhabender Mann, lebte hier einige Jahre und starb schliesslich. Und wurde in Ehren begraben. Drei Jahre nach seinem Tod kam jedoch an den Tag, dass er das Haupt einer Sekte gewesen war, also so ziemlich das Ketzerischste, was man zu jener Zeit sein konnte! Nun war man in der Stadt ratlos, hatte man doch diesen Erzketzer in Ehren begraben. Was konnte man tun? Man grub ihn kurzerhand wieder aus, oder das, was von ihm noch übrig war! Dann köpfte und vierteilte man ihn und zu guter Letzt verbrannte man ihn noch. Und seither – sagt man – spukt es im Spiesshof. Deshalb sind wohl auch Büros darin untergebracht.

Das malerische Strassenbild lässt einen gerne verweilen bei den vielen reizenden Einzelheiten der Häuser, deren Namen und Dekorationen. Bei den Hausnamen stehen oft Jahreszahlen. Sie beziehen sich auf die älteste Urkunde, die man vom Gebäude besitzt.

Auf der linken Seite öffnet sich der Heuberg zum **Gemsberg** hin. Es ist sicher eines der stimmungsvollsten Plätzchen der Stadt, vor allem im Sommer, wenn die gotischen Häuser ringsum mit herrlich blühenden Geranien reich geschmückt sind. Der Gemsberg-Brunnen stammt aus dem Jahre 1861. Der Trog ist aus einem einzigen Stück Solothurner Kalkstein gehauen und wurde mit einem grossen Fuhrwerk vor die Tore Basels gebracht. Aber eben nur *vor* die Tore. Dort angekommen, musst man feststellen, dass der Durchgang nicht gross genug war für den riesigen Trog! Nun hatte man in jener Zeit an anderen Stellen schon angefangen die Stadtmauer niederzureissen. Kurzerhand schlug man also ein Loch in die Mauer, schüttete den Stadtgraben auf und konnte somit den Brunnentrog doch noch an seinen Ort bringen.

Leonhardskirchplatz und Leonhardskirche

Nach dem gemütlichen Spaziergang durch den Heuberg gelangen Sie zum Leonhardskirchplatz. Der ehemalige Kirchhof, gegen Osten pfalzartig erweitert, und die **Leonhardskirche** bilden einen der Plätze, die eine kleine Verschnaufpause wert sind. Bevor Sie sich auf einer Bank ausruhen, ist ein kleiner Gruss an Herrn **Dinge-Dinge** angebracht, der dort im Schatten der Bäume steht. Herr Dinge-Dinge hiess eigentlich Dr. Rudolf Riggenbach und war Denkmalpfleger von Basel. Ihm verdankt man die Erhaltung einiger besonders schöner alter Bauten. Mit dem Namen Dinge-Dinge wurde er bedacht, weil er, wenn er eine Rede hielt und nicht mehr weiter wusste, nicht wie andere Leute einfach «eh.eh.eh.» sagte, sondern «e Ding e Ding e Ding» und dann wieder weitersprach. Es gibt nicht viele Basler, die ein Denkmal in der Stadt erhalten haben. Daraus können Sie schliessen, wie sehr man Herr Dinge-Dinge geschätzt hat.

Lohnend ist eine Pause auf dem Leonhardskirchplatz besonders an Samstagen um 17 Uhr. Von der Terrasse aus erblickt man sehr schön die beiden Münstertürme vis-à-vis, von denen am Samstag jeweils das Vesperblasen stattfindet. Von hier aus sind die Bläser sehr gut zu hören, meist auch ohne störende Nebengeräusche.

Die Leonhardskirche (tagsüber geöffnet) erhebt sich auf einem Hügelsporn. Man erzählt, dass hier einst eine Burg namens Wildeck gestanden habe. Aus romanischer Zeit ist von der Kirche noch die Krypta erhalten. Es entstand ein Augustiner-Chorherrenstift, welches zu den sehr angesehenen Klöstern der Stadt zählte. Die Chorherren von St. Leonhard wurden zum Beispiel von den Chorherren zu St. Peter sehr darum beneidet, dass sie das Privileg hatten, Pelzkappen zu tragen!

Das Kirchenschiff stammt aus dem späten 15. Jahrhundert und gehört zu den seltenen gotischen Hallenkirchen der Schweiz. Hallenkirche nennt man eine Kirche, in der das Hauptschiff und die Nebenschiffe die gleiche Höhe aufweisen. Das Netz-Gewölbe wächst hier aus den schlanken Pfeilern wie Palmfächer.

Der weite Raum umschliesst den Besucher mit seinem quadratischen Grundriss. Meister Hans Niesenberger von Graz, der auch am Mailänder Dom und in Einsiedeln tätig war, hat ihn auf grossartige Art und Weise geschaffen. Vollendet wurde er durch Hans von Nussdorf.

Die Trennung zwischen dem gewöhnlichen Volk und der Geistlichkeit – der Lettner – ist noch erhalten. Er weist entzückende Malereien auf: Schwarze Baslerstäbli an einer Girlande hängend. Auch die wundervoll geschnitzte Kanzel ist beachtenswert. Sie stammt aus der Barockzeit, genauso wie die Orgel, die man an der Westseite sehen kann. Vielleicht haben Sie Glück, und es ist gerade jemand am Üben. Die Orgel gilt nämlich als Silbermann-Orgel und kann jeden Freitag um 18 Uhr bei einem Orgelkonzert gehört werden.

Im Chor (14. Jahrhundert) stand vor der Reformation ein Flügelaltar. Heute kann man ihn im Kunstmuseum bewundern, oder wenigstens mehrere Teile davon. Er stammte von Konrad Witz, dem wohl berühmtesten Maler während der Konzilszeit in Basel. Wandbildreste über der Turmpforte links deuten auf dieselbe Werkstatt hin.

In den Chorfenstern erblickt man mehrere bunte Glasscheiben. Zuoberst einen goldenen Baslerstab. Nur im Rathaus kann man noch weitere goldene Stadtwappen finden. Kurz vor der Reformation durfte Basel nämlich ein goldenes Wappen führen, als Dank dafür, dass die Stadt 1512 dem Papst Julius II. bei einer kriegerischen Auseinandersetzung sehr geholfen hatte. Nach der Reformation wollte man aber davon nichts mehr wissen, und so ist man wieder zum bewährten schwarzen Baslerstab zurückgekehrt. In der Mitte des Chorfensters sieht man den heiligen Leonhard, den Kirchenpatron. Darunter eine prachtvolle Scheibe von Antony Glaser mit einer Verkündigung (16. Jahrhundert).

Auch das Chorgestühl hat einige Besonderheiten aufzuweisen. Ausser einem heiligen Georg mit dem Drachen ist vor allem die Inschrift über dem Chorgestühl köstlich. Auf der Südseite kann man lesen: «Verfluecht die katzen, die (vorne lecken und hinten kratzen)» – es ist nur noch der Anfang erhalten!

Südlich an den Chor schliesst die Marienkapelle an, nördlich die Theobaldskapelle mit dem Nischengrab des Hüglin von Schönegg (1386 gestorben). Er brachte als päpstlicher Kriegsmann und Marschall von Spoleto Reliquien des heiligen Theobald nach Basel in die Leonhardskirche.

Von hier aus sollte man unbedingt in die romanische Krypta hinuntersteigen, einem stimmungsvollen kleinen Raum mit Säulen und Würfelkapitellen und an der Südwand schwach erkennbaren Wandmalereien.

Rund um den Barfüsserplatz

Links neben der Leonhardskirche finden Sie eine Pforte mit der Inschrift «**Lohnhof**». Der Name erinnert an das Bau- und Lohnamt, das nach der Reformation in den ehemaligen Stiftsgebäuden untergebracht worden war. Heute findet sich darin das Musikinstrumenten-Museum. Steigen Sie die Treppe daneben hinunter zum **Barfüsserplatz**, dem Zentrum des städtischen Lebens und Knotenpunkt des Strassenbahnverkehrs. In Basel wir die Strassenbahn liebevoll «Trämli» genannt. Man hält sehr viel vom Tramfahren, und mit einem gewissen Stolz wird auch darauf hingewiesen, dass Basel die erste Stadt war, die ein so genanntes Umweltabonnement eingeführt hat. Es ist nicht nur kostengünstig, sondern auch übertragbar, und es gilt nicht nur auf allen Tram- und Buslinien, sondern auch in der Eisenbahn bis zum Jurafuss. Das sind total über 700 km, die man mit diesem Abonnement befahren kann!

Auch für Touristen gibt es verschiedene Möglichkeiten von Vergünstigungen. Hier am Barfüsserplatz können Sie sich beim Tramhäuschen am Schalter erkundigen, was für Sie am lohnendsten wäre.

Der Barfüsserplatz heisst auf echt Baseldeutsch «Seibi» (Säu-Platz), da hier im Mittelalter Schweinemarkt abgehalten wurde. Heute findet ebenfalls Markt statt, der Warenmarkt abwechselnd mit Flohmarkt am Mittwoch und Donnerstag. Besonders stimmungsvoll ist der Weihnachtsmarkt hier vor der Barfüsserkirche, jeweils zur Adventszeit.

Die Barfüsserkirche ist eine ehemalige Klosterkirche der Franziskaner. Heute befindet sich darin das **Historische Museum**. Der Bau stammt hauptsächlich aus dem 14. Jahrhundert, von einer früheren Kirche des 13. Jahrhunderts findet man im Untergeschoss noch das Gemäuer. Die Kirche war das eigentliche Herz der Reformation. Schon zehn Jahre vor dem Übertritt wurde hier bereits «nach der neuen Art» gepredigt. Der Prediger war auch der erste, der es wagte, eine Frau zu heiraten. Man nannte sie «das Barfüsserweiblein»!

Das Historische Museum ist seit gut hundert Jahren hier untergebracht. Nachdem die Kirche im 18. und 19. Jahrhundert als Lagerhaus benutzt worden war, begann man sich zu überlegen, ob man sie nicht abreissen und etwas anderes an ihrer Stelle bauen sollte. Mit nur drei Stimmen Unterschied wurde schliesslich im Rat von Basel für die Erhaltung des Bauwerkes gestimmt! Darauf wurde darin das Historische Museum eingerichtet.

Ein Besuch lohnt sich sehr. Sie finden hier nicht nur den berühmten «Totentanz», sondern auch herrliche Tapisserien aus dem 15. Jahrhundert, die originalen Brunnenstöcke der Stadt, sowie den Münsterschatz, die Zunftschätze und viele bezaubernde Stuben aus früheren Zeiten.

Rechts neben der Barfüsserkirche befindet sich das **Stadtcasino**. An dieser Stelle tagte der erste Zionistenkongress im Jahre 1897. Theodor Herzl hat damals zum ersten Mal davon gesprochen, einen Staat Israel gründen zu wollen. Sie finden im Musiksaal eine Erinnerungstafel an dieses Ereignis.

Heute finden im **Musiksaal** des Casinos (1875 erbaut von J.J. Stehlin) jeweils viele grosse Konzerte statt. Der Saal ist berühmt für seine ausserordentlich gute Akustik. Die Musik erfreut sich in Basel besonderer Beliebtheit. Von der Hausmusik bis zu feierlichen Chorkonzerten in den Kirchen und zu festlichen Sinfoniekonzerten im Musiksaal spannt sich der Bogen. Oper und Ballett gehören zu den bevorzugten Veranstaltungen im Stadttheater. Dazu beigetragen hat in besonderem Mass auch der Dirigent Paul Sacher. Er hat viele Auftragskompositionen in Basel uraufgeführt. Es gibt kaum einen bedeutenden Komponisten des 20. Jahrhunderts, der für ihn nicht ein Werk geschrieben hat. Am Münsterplatz befindet sich übrigens die Paul-Sacher-Stiftung, in der man unter vielen anderen Kostbarkeiten auch den Nachlass von Igor Strawinsky einsehen kann. An der Ecke Steinen-Vorstadt/Steinenberg finden Sie das reizende **Puppenmuseum**. Weiter den Steinenberg hinauf, kommen Sie zum **Tinguely-Brunnen**, heiss geliebt von allen Baslern. Moderne Kunst, die allen gefällt! Jedermann hat ein kleines Lächeln im Gesicht, wenn er die Gegenstände betrachtet, die sich hier für nichts drehen und «arbeiten». Am schönsten ist der Brunnen zur Winterszeit, wenn es kalt ist und er verzaubert wird durch die vielen vereisten Räder. Zahlreiche Werke von Jean Tinguely finden Sie auch im Tinguely-Museum und im Kunstmuseum. Der weite Platz mit der breiten Treppe führt zum modernen Gebäude des **Stadttheaters**. Daneben steht an dominierender Stelle die neo-gotische **Elisabethenkirche**.

Vom Fischmarkt bis zum Spalentor

Vom Fischmarkt bis zum Totentanz

Vom Marktplatz den Strassenbahngeleisen gegen den Rhein folgend, erreicht man nach wenigen Schritten den Fischmarkt. Dort findet man den wohl schönsten Brunnen von Basel, den prachtvollen, spätgotischen **Fischmarktbrunnen**.

Den hohen Pfeiler krönt ein Engel mit einem Palmzweig in der Hand, weiter entdeckt man viele Heilige, vor allem eine liebreizende Maria mit dem Jesuskind, Petrus und Johannes und zuunterst am Schaft Engel mit Musikinstrumenten und dem Stadtwappen. Wahrscheinlich hat der berühmte Johannes Parler von Gmünd den herrlichen Brunnen Ende des 14. Jahrhunderts geschaffen, war er doch zu jener Zeit in Basel mit dem Bau des Münsterchors beschäftigt.

Weiter den Strassenbahngeleisen folgend kommen Sie bei der Mittleren Brücke zur Anlegestelle der **Personenschifffahrt**. Es gibt lohnende Fahrten nach Augst und Rheinfelden. Auch eine Schifffahrt mit Mittagessen oder Abendessen ist empfehlenswert. Alle Auskünfte und Billette erhält man beim kleinen Häuschen.

Der Eingang zu **Basel Tourismus** ist direkt daneben zu finden. Sie erhalten dort alle gewünschten Auskünfte über Führungen in und um Basel, sowie Prospekte und Informationsbroschüren über aktuelle Veranstaltungen und Ausstellungen.

Spazieren Sie nun links den **Blumenrain** hinan, vorbei am Hotel Drei Könige (es gilt als ältestes Hotel der Schweiz, wurde es doch bereits im 11. Jahrhundert erwähnt), so kommen Sie bald darauf zu einem Brunnen mit der Figur des heiligen Urban. Der Schutzpatron der Weinberge trägt in der Hand eine Traube. An seinem Namenstag (25. Mai) schmücken die Zünfte zu Weinleuten und Rebleuten «ihren» Brunnen. Früher gab man ihm noch je ein Glas Rot- und Weisswein in die

Hand, darauf beobachtete man scharf, ob es an diesem Tag in die Gläser regnete – das war dann jeweils ein schlechtes Omen für das Weinjahr...
Weiter auf der rechten Strassenseite kommt man an der Ecke zum **Seidenhof** (Nr. 34). Er war früher ein wichtiger Burgsitz und der Eckpfeiler der Stadtbefestigung. Es ist möglich, durch das Fenster links neben der Tür einen Blick in den Innenhof zu tun. Dabei entdeckt man eine Statue von **Rudolf von Habsburg** (um 1390). Der Überlieferung nach soll Rudolf von Habsburg bei seinen Besuchen in Basel mit Vorliebe in diesem Adelssitz abgestiegen sein, ja ihn sogar als Eigentum besessen haben. Allerdings gehörte Rudolf von Habsburg zuerst zu den Erzfeinden der Stadt! Als Gegner des Bischofs belagerte er die Stadt und liess sogar im Jahre 1272 die St. Johanns-Vorstadt (damals noch ungeschützte Häuser vor der Stadtmauer) in Flammen aufgehen. Durch eine welthistorische Fügung blieb Basel aber vom Schlimmsten verschont, denn während Rudolf von Habsburg vor Basel in seinem Hauptquartier lagerte, erhielt er die Nachricht, dass ihn die Kurfürsten zum neuen Herrscher des Reiches ernannt hatten. Die Krone wurde ihm hierher überbracht, und damit war er automatisch auch der neue Oberherr der Stadt geworden. Widerstand wäre nun nutzlos gewesen. Nur der Bischof grollte noch etwas. Er soll dabei ausgerufen haben: «Herrgott im Himmel, sitz fest auf deinem Thron, sonst nimmt ihn dir Rudolf von Habsburg auch noch weg!»
Den Namen «Seidenhof» erhielt das Haus erst gegen Ende des 16. Jahrhunderts, nachdem es durch die in Basel eingewanderten Gebrüder Pellizari erworben wurde. Diese trieben einen schwungvollen Handel mit Rohseide und Seidengarnen.
Hier endete also bis zum Erdbeben von 1356 die Stadt. Noch heute erinnert der Strassenname «Petersgraben» an die Mauer und den Stadtgraben aus jener Zeit.
Vor der Stadtmauer entstanden bald einmal weitere Bauten. Die **Predigerkirche** ist heute noch übrig vom ehemaligen Dominikaner-Kloster, welches Anfang des 13. Jahrhunderts erbaut wurde. Die Klosterkirche stammt aus jener Zeit, nur das Langhaus ist Ende des 14. Jahrhunderts nach dem Erdbeben neu aufgebaut worden. Im Innern finden sich Wandmalereien aus dem späten 14. und 15. Jahrhundert. Nach der Reformation wurden die Klostergebäude während längerer Zeit als Zuchthaus benutzt. Mit der Erweiterung des Kantonsspitals wurden die Gebäude abgerissen. Die Kirche gehört seit 1877 der christkatholischen Gemeinde. (Geöffnet jeweils nachmittags von 14 bis 16 Uhr.)
Der kleine parkähnliche Platz heisst **Totentanz** und gehörte einst zum ehemaligen Gottesacker des Klosters. An der Innenseite der diesen

Friedhof umgebenden Mauer bestaunte man seit etwa 1440 Wandbilder mit einem Totentanz. Er war so berühmt, dass man sagte, man habe Basel nicht gesehen, wenn man nicht auch den Totentanz gesehen habe! Leider wurde die Mauer 1805 von den Anwohnern niedergerissen, weil sie mehr Platz für die Durchfahrt in die Vorstadt erhalten wollten. Bruchstücke des Totentanzes konnten gerettet werden. Sie befinden sich heute als besonders kostbarer Schatz im Historischen Museum. Auf dem Platz steht heute eine Plastik von Otto Bänninger, einen ruhenden Janus darstellend.

In der **St. Johanns-Vorstadt**, einer wichtigen Ausfallstrasse, siedelten sich begüterte Kaufleute und Adelsherren an, deren stattliche Bauten heute noch das Strassenbild prägen. Im Laufe der Jahrhunderte haben bedeutende Leute hier gewohnt, teilweise als Besitzer oder aber als Besucher: Der Kupferstecher und Verleger Christian Mechel (Nr. 15/17), der seinerseits von Goethe besucht wurde, oder als Emigrant König Gustav IV. Adolf von Schweden (Nr. 72), des Weiteren der Maler **Hans Holbein** der Jüngere (Nr. 22). Er selbst hat allerdings nicht viele Jahre in seinem Hause zugebracht, jedoch seine Frau Elisabeth mit ihren Kindern, deren ergreifend schönes Bild man im Kunstmuseum sehen kann und wohl nicht so schnell wieder vergisst. Und nicht zuletzt der alemannische Dichter **Johann Peter Hebel**, der hier geboren ist im Jahre 1760, gleich beim Totentanz, im kleinen bescheidenen Haus Nr. 2.

Petersgasse und Peterskirche

Etwas zurückgehend spaziert man gegenüber vom Urban-Brunnen nun die Petersgasse hoch. Hier hatten sich entlang der Stadtmauer die Adelsherren angesiedelt. Von diesen Adelssitzen ist auch heute noch einiges zu erahnen. Vor allem die Namen zeugen von den ehemals wichtigen Bewohnern: Der Andlauer-Hof (Nr. 36/38), der einst dem berühmten Elsässergeschlecht Andlau gehörte (der erste Rektor der Universität war ein Andlau), oder der Offenburgerhof (Nr. 40), ein gotischer Bau mit einem durchgehenden Erker. Hier wohnte Henmann von Offenburg zu Beginn des 15. Jahrhunderts, Apotheker, Oberstzunftmeister und Ratsherr der Achtburger, vor allem aber ein grossartiger Diplomat. Er reiste überall hin, bemühte sich um das Konzil, das in Basel tagte, und war auch befreundet mit Kaiser Sigismund. Die Offenburgs wohnten über 250 Jahre hier, ihr Wappen ist über der Tür zu sehen.

Besonders hübsch ist die Türe zum Ringelhof (Nr. 23) gleich gegenüber, eine Kleeblatttüre aus dem Jahr 1573 mit den Bildnissen des Besitzers

Petersgasse mit der Peterskirche und dem Ringelhof (links).

Cristoforo d'Annone und seiner Gemahlin Angela Augusta von Wasserhuhn! Ganz unbaslerisch hat sich der reiche Refugiant hier abbilden lassen …

Schräg gegenüber der nächste Adelssitz, der Flachsländerhof (Nr. 46). Zur Strasse hin stehen die Nebengebäude, das Hauptgebäude ist hinten im Hof zu entdecken mit malerischen seitlichen Lauben. Hans von Flachsland war ein bedeutender Bürgermeister von Basel. Während seiner Regierungszeit erreichte er die Gründung der Universität (1460) und er verfasste auch einen Brief für Kaiser Friedrich III., um ihn zu veranlassen, Basel zur Messestadt zu erheben.

Der Blick von hier die Häuserzeile entlang auf die **Peterskirche** zeigt einen besonders malerischen, oft fotografierten Winkel der Stadt. Die gotischen Häuser rechter Hand (Nr. 50 und 52) zeigen deutlich, wie man sich eine Gasse im Mittelalter vorstellen muss. Enge und schmale Häuser gegen die Strasse hin, jedoch in die Tiefe gebaut. Ebenerdig (zur Strasse) befand sich die Werkstatt, dahinter meist ein kleiner Hof mit vielleicht einem Kaninchenstall oder Schweinestall. In den oberen Stockwerken wohnte die Familie, wobei die gute Stube jeweils im ersten Stock zu finden war. Deshalb ist das grösste Fenster immer dort zu sehen.

Die Peterskirche gehörte zu den vier bedeutenden Pfarrkirchen der Stadt im Mittelalter. Da in der Nähe viele Adelige gewohnt haben, ist die Kirche besonders reich ausgeschmückt worden. Vor allem sehenswert sind die Wandmalereien aus dem 14. und 15. Jahrhundert (gerade kürzlich ist der wohl schönste Engel von Basel freigelegt worden). Sie sind von künstlerisch europäischem Rang. Die Malereien befinden sich im südlichen Seitenschiff und in beiden Kapellen rechts und links vom Chor. Zahlreiche prachtvolle Epitaphien sind ebenfalls zu sehen, darunter in der nördlichen Kapelle (Eberler-Kapelle) die Grabtafel des Buchdruckers Johannes Froben (1527). Der Text darauf wurde von Erasmus verfasst in drei Sprachen: griechisch, lateinisch und hebräisch. Der Eingang zur Kirche ist auf der Westseite (tagsüber geöffnet, ausser Montag).

Bevor wir zum Eingang der Kirche gehen, empfiehlt sich ein ganz kleiner Abstecher zum **Engelhof** (Nadelberg Nr. 2). Vorbei am Totengässchen, welches so heisst, weil man hier früher die Toten aus der Talstadt hinauf zum Friedhof der Peterskirche getragen hat, gelangt man zum Adelshof mit dem grossen, eleganten Engel an der Hausecke. Er stammt noch vom alten Haus, das im 15. Jahrhundert Matthis Eberler gehörte. Sein Wappen – ein Eber – ist unter dem Engel auf der Konsole zu finden. Junker und Zunftmeister Eberler war ein angesehener Mann und hat auch eine Kapelle in der Peterskirche reich ausgestattet. Er war ein wohlhabender Mann, da er eine reiche Frau geheiratet hatte. Sie war allerdings zehn Jahre älter als er. Er scheint aber nicht so oft zu Hause gewesen zu sein, besass er doch einige Landsitze. Auch weiss man von fünf unehelichen Kindern, was allerdings damals nicht von grosser Bedeutung war.

Nun wollen wir aber zum Petersplatz und zum Spalentor gehen. Vor der Westseite der Peterskirche dehnt sich ein kleiner Platz aus bis zum Petersgraben, der Stadtmauer im Mittelalter. Heute steht darauf ein Denkmal für **Johann Peter Hebel**, geschaffen von Max Leu (1899). Der 1760 in Basel geborene alemannische Dichter wird hoch verehrt. Jährlich an seinem Geburtstag, dem 10. Mai, bekränzt man die Büste feierlich.

Der Petersplatz und die Universität

Der weite, mit Linden bestandene Platz jenseits des Petersgrabens war ursprünglich der Garten der Chorherren von St. Peter und wurde bereits im 13. Jahrhundert mit Bäumen bepflanzt. Nachdem die Stadtmauer erweitert worden war Ende des 14. Jahrhunderts, benutzte man den Platz für Volksbelustigungen oder machte hier den Sonntagsspaziergang. Jetzt wird jeweils am Samstag Flohmarkt abgehalten. Am liebsten hat man den Petersplatz zur Zeit der **Herbstmesse**, zumal hier der traditionelle «Häfelimärt» stattfindet. In der heutigen Zeit findet man während der zwei Messewochen nicht nur Geschirr (Häfeli), sondern viele zauberhafte Buden mit allerhand Handwerklichem, mit Büchern und auch Esswaren, wie die traditionellen «Mässmogge», gebrannte Mandeln und Biberlebkuchen.

Der Platz ist von bedeutenden Bauwerken umgeben. Das grosse, längliche Gebäude ist das Kollegiengebäude der **Universität**, 1935 an Stelle des mittelalterlichen Zeughauses erbaut, nach Plänen von Roland Rohn. Beim Haupteingang findet man ein Mosaik von Walter Eglin (1940/46) und eine Grossplastik von Alexander Zschokke (1945). Die Basler Universität ist die älteste der Schweiz. Heute studieren hier über 7000 Studenten. Die verschiedenen Fakultäten sind in der ganzen Stadt verteilt zu finden.

Auf der gegenüberliegenden Seite des Platzes steht ein prachtvolles Palais, das Wildt'sche Haus (Nr. 13). Es ist eine der glanzvollsten Rokokobauten der Stadt und wurde im 18. Jahrhundert für Jeremias Wildt erbaut nach Plänen von J.J. Fechter. Fünf Generationen der Familie wohnten hier, bis 1952 das Gebäude in den Besitz einer Stiftung gelangte, welche das Haus der Universität und der Schweizerischen Akademie der medizinischen Wissenschaften zur Verfügung hält.

An der Westseite des Petersplatzes befindet sich der sehr sehenswerte **Botanische Garten** der Universität, eine kleine Oase mitten in der Stadt. Daneben steht das Stachelschützenhaus (Nr. 10). Dieses malerische Fachwerkhaus diente einst den Armbrustschützen für gesellige Zusammenkünfte. Einen Armbrustschützen findet man auch auf dem Stock des Brunnens, der zwischen Universität und Stachelschützenhaus steht, geschaffen von R. H. Meili im 19. Jahrhundert. Daran vorbei gelangt man zu einer reizenden Partie von bescheidenen Fachwerkhäuschen, die ganz an den nahen Sundgau erinnern, und zum Spalentor.

Das Spalentor und der Holbeinbrunnen

Das schönste der noch erhaltenen drei Stadttore ist zweifellos das **Spalentor**. Es stammt, wie die beiden anderen Tore auch, aus der zweiten Hälfte des 14. Jahrhunderts. Die vielen Häuser, die an den Ausfallstrassen vor der Stadt im Laufe der Zeit entstanden waren, mussten sich schützen vor wilden Tieren und Gesindel. Das geschah mit einem Palisadenhag aus Holzpfählen, «Spalen» genannt. Daher stammt der Name Spalentor. Auf einigen alten Stichen findet man auch den Namen St. Pauls-Tor. Man hielt fälschlicherweise das Wort Spalen für eine sprachliche Verkürzung des Wortes St. Paul.

Nach dem Erdbeben nahm man die Häuser, die vor der Stadt entstanden waren, auch in den Schutz der Stadtmauer. Das heutige Spalentor gehört zu dieser neuen, dritten Stadtmauer. Es ist etwa 40 m hoch, reich verziert, vor allem am Vorwerk, welches einige Jahrzehnte nach dem Tor erbaut worden ist (1473 von Jakob Sarbach). Die bunten Ziegel auf dem Dach sind urkundlich belegt seit dem 15. Jahrhundert, allerdings unterdessen ersetzt durch neuere.

Die Stadttore wurden jeden Abend geschlossen, nicht nur im Mittelalter, sondern noch bis ins 19. Jahrhundert. In den umliegenden Orten wurde abends jeweils ein Glöcklein geläutet, um den Leuten anzuzeigen, dass es höchste Zeit sei in die Stadt zurückzukehren, um noch vor Torschluss hineinzukommen. Der Torwächter rief dann laut «wär no ine möcht, dä renn» (wer noch hinein will, der renne), um danach die mächtigen Eichenflügel, die man heute noch bewundern kann, zu schliessen. Beim einen Torflügel bemerkt man noch ein kleines Türchen im Holz, das so genannte «Nadelöhr». Da konnte man auch noch nach Torschluss in die Stadt schlüpfen, musste aber eine Strafe bezahlen und wurde genau registriert. Auch sonst wurde genau festgehalten, wer in die Stadt kam und wieviel man gegebenenfalls zu bezahlen hatte. Die alte Zollverordnung an der Wand gleich bei den Eichentüren zeigt die entsprechenden Tarife.

Das Fallgatter aus Eichenpfählen und mit Eisenspitzen wurde bei Gefahr hinuntergelassen. Es bestand auch die Möglichkeit, mit einzelnen Pfählen vorsorglich einen Teil des Zugangs zu verriegeln.

Über dem Eingang, von ausserhalb der Stadt betrachtet, erkennt man eine wunderschöne Marienstatue. Sie stammt aus der Parler-Schule (um 1400). Rechts und links von ihr stehen zwei Propheten (Originale im Historischen Museum). Vor dieser Marienstatue pflegte man früher niederzuknien und sich zu bedanken, dass man auf dem gefährlichen Weg nach Basel behütet worden war!

Auf der Stadtinnenseite befindet sich unten am Tor ein alter Briefkasten mit dem Bild einer weissen Taube darauf, wie auf der berühmten Briefmarke, dem «**Basler Täubchen**». Der Entwurf der Marke, wie auch des Briefkastens, stammt von Melchior Berri. Die Marke erschien 1845 und war der erste Dreifarbendruck einer Marke. Sie ist ein begehrtes Sammelobjekt. Die Häuser, die einst *vor* der Stadt gestanden haben (deshalb Spalen-Vorstadt), hatten meist Hausbesitzer, die durch den Verkehr auf den Ausfallstrassen ihre Beschäftigung fanden. Da waren die Wagner und Schmiede, Hufschmiede und Sattler zugegen, aber auch feuergefährliche Berufe wurden ausserhalb der Stadt angesiedelt. So unter anderem die Bäcker. Daneben gab es natürlich auch einige Wirtshäuser – und den Dirnen wies man konsequenterweise während des Konzils ihren Platz hier am Rande der Stadt zu.

Glücklicherweise ist dieser Strassenzug mit den kleinen, aneinandergeschmiegten Bürgerhäusern verschont geblieben vor grösseren Eingriffen in der neueren Zeit, obwohl auch hier entsprechende Pläne zur Diskussion standen.

Der prachtvolle Brunnen in dieser Strasse wurde 1546 geschaffen. Er heisst **Holbein-Brunnen**, weil der Bauerntanz auf dem Brunnenstock nach einer Zeichnung von Holbein angefertigt wurde. Man könnte ihn auch Dürer-Brunnen nennen, denn der reizende Dudelsackpfeifer auf der Spitze ist nach einer Zeichnung von Dürer gemacht. Da aber Holbein weit mehr mit Basel zu tun hatte als Dürer, wurde hier sein Name geehrt. Die Dekorationen am Brunnenstock sind überaus reichhaltig. Da sind Palmetten zu sehen und Fruchtschnüre darüber, aufgehängt an Masken. Beachten Sie vor allem den Bauerntanz: Den Geldbeutel tragen stets die Frauen!

Anschliessend findet man auf der gleichen Strassenseite das Gesellschaftshaus der Vorstadtgesellschaft, das Haus «zur Krähe» (Nr. 13). Die mit reichen Malereien von Maximilian Neustück versehene Fassade betrachtet man am besten von der gegenüberliegenden Strassenseite her. Die Vorstadtgesellschaft traf sich hier. Sie hatte verschiedene Aufgaben und Rechte, vor allem innerhalb der Vorstadt Händel zu schlichten, die Öfen zu kontrollieren und die Brunnen reinzuhalten. Ein besonders wichtiges Recht aber war, dass man eine eigene Trinkstube haben durfte.

Bei Umzügen schritt jeweils der «Kraiejoggi» voran, eine maskierte Gestalt mit einem Krähenkopf (im Historischen Museum zu sehen). Seine Gestalt ergab sich aus dem Namen «Vorstadtgesellschaft zur Krähe». Mit dem Schnabel des «Kraiejoggi» hatte es übrigens seine besondere Bewandtnis: Wer zu nahe kam, wurde daraus angespritzt!

Vom Münster bis zum St. Alban-Tor

Zum Kunstmuseum und zum Antikenmuseum

Vom Münsterplatz aus geht man zuerst durch die **Rittergasse**. In dieser Strasse finden Sie lauter imposante Barockbauten mit wunderschönen Korb-Gittern an den Fenstern. Das Strassenbild ist grossartig geschlossen und wirkt fast adelig. Trotzdem ist der Name Rittergasse nicht auf adelige Ritter zurückzuführen, sondern auf das Deutschritter-Ordenshaus, das in dieser Strasse gestanden hat.

Es ist ein historischer Strassenzug, führte er doch bereits zur Keltenzeit hier durch. Gleich rechter Hand im grossen Hof kann man die Ausgrabungen der Mauer des keltischen Oppidums besichtigen.

Gegenüber fällt ein prachtvoller Barockbau auf: der Ramsteinerhof. Er wurde vom bedeutenden Architekten und Hofbaumeister Johann Carl Hemeling entworfen (1728). Im 18. und 19. Jahrhundert waren immer wieder hohe Persönlichkeiten zu Gast in diesem wunderschönen Haus. Hier befand sich auch die päpstliche Residenz von Felix V., dem vom Konzil gewählten Gegenpapst. Der Besitzer des Hauses, Heinrich von Ramstein, wurde vom Rat für diese Unterkunft gebührend honoriert: «Heinrich von Ramstein geben 300 Guldin, als unser Heiliger Vater der Babst in seinem Hof liit», steht in den Protokollen des Konzils 1440/41. Schon im folgenden Jahr wurde die Entschädigung allerdings herabgesetzt auf 270 Gulden und ein Jahr später erhielt Ramstein nur noch 95 Gulden! Einige der Liegenschaften in der Rittergasse, vor allem gegen den Rhein hin, sind auch heute noch in privatem Besitz. Bald sticht auf der linken Strassenseite eine kleine Kapelle ins Auge. Es ist die Kapelle des **Deutsch-Ritterordens**, der daneben seinen Sitz erbaut hatte.

Rittergasse mit Haus «zum Delphin» (1760, links).

Besonders während des Konzils war das Haus der Deutschherren eine begehrte Residenz. So nahm hier Kardinal Cesarini Aufenthalt, der Präsident der Kirchenversammlung, sowie dessen Nachfolger Kardinal Ludwig Aleman von Arles. Damals muss die Rittergasse eine reich bewegte, prunkvolle Zeit erlebt haben.

Der Bau der **Wettsteinbrücke** in den Jahren 1878–1880 und die damit verbundene Tieferlegung der äusseren Rittergasse, hatte zur Folge, dass nicht nur das Stadttor, welches hier stand, abgerissen wurde, sondern auch das ehrwürdige ehemalige Ordenshaus.

An der Strassenkreuzung sehen Sie schräg gegenüber den imposanten Bau des **Kunstmuseums** (1932–1936 erstellt von P. Bonatz und R. Christ). Es beherbergt eine in aller Welt berühmte Sammlung alter und moderner Kunst. Man findet darin die Alten Meister, speziell **Konrad Witz** und eine reiche Sammlung mit Bildtafeln von **Holbein d. J.** Aber auch das 19. Jahrhundert mit den Impressionisten, und nicht zuletzt der Basler Maler **Arnold Böcklin** lohnen einen Besuch. Das 20. Jahrhundert ist äusserst eindrucksvoll vertreten mit Bildern von **Picasso**, Braque, Rousseau, Chagall und den Amerikanern.

Gleich gegenüber vom Eingang des Kunstmuseums befindet sich das nächste bedeutende Museum: das **Antikenmuseum und die Sammlung Ludwig** in den beiden klassizistischen Wohnhäusern am St. Alban-Graben 5 und 7.

Das Basler Antikenmuseum ist das einzige Museum in der Schweiz, das ausschliesslich der klassischen Antike gewidmet ist. Sie finden vor allem griechische, etruskische und römische Objekte vom 3. Jahrtausend v. Chr. bis 300 n. Chr. Der Hauptteil stammt aus Schenkungen von privaten Sammlern, wobei die Schwerpunkte bei den Skulpturen und den griechischen Vasen liegen.

Aber auch der grossartige Medea-Sarkophag aus römischer Zeit oder das einzigartige «Basler Arztrelief» von 480 v. Chr. sind Höhepunkte der Sammlung. 1980 erfuhr das Museum einen gewichtigen Zuwachs durch die Schenkung der Antiken aus der Sammlung von Irene und Peter Ludwig mit zahlreichen Meisterwerken ersten Ranges.

Ins Alban-Tal

Ins romantische, ehemalige Gewerbeviertel des Mittelalters gelangen Sie, indem Sie bei der Strassenkreuzung des Kunstmuseums in die letzte Strasse vor der Brücke rechts einbiegen. Es ist die **St. Alban-Vorstadt**. Ganz im Hintergrund kann man das **St. Alban-Tor** sehen, den Stadtausgang vom 14. Jahrhundert.

Im ersten Haus auf der linken Strassenseite (Nr. 5) ist der Sitz der **Christoph-Merian-Stiftung.** Herr Merian war ein wohlhabender Handelsherr und hinterliess sein ganzes riesiges Vermögen «der lieben Vaterstadt Basel». Es wurde daraus eine Stiftung errichtet, deren jährliche Zinsen (ein paar Millionen!) jeweils für sinnvolle Dinge zu Gunsten der Stadt verwendet werden können. Eine wunderbare Sache!

Auf der anderen Seite der Strasse (Nr. 28) folgt ein entzückendes Museum, das **Karikaturen-Museum.** Es befindet sich in einem alten Privathaus und ist unbedingt den Besuch wert.

Die Behaglichkeit, die dieser Strassenzug empfinden lässt, strahlt aus den heimeligen Häusern jedem Besucher entgegen. Beim Schöneck-Brunnen (1770) ist spätestens ein nächster Halt angebracht, um die umstehenden Häuser etwas eingehender zu betrachten. Das spätgotische Haus «Zum hohen Dolder» (Nr. 35) gehört noch heute der Vorstadtgesellschaft gleichen Namens, die wie jede der anderen Vorstadtgesellschaften Händel zu schlichten, Öfen zu kontrollieren und weitere wichtige Aufgaben zu erfüllen hatte innerhalb ihres Quartiers.

Auch beim Haus Nr. 41 sollte man den Spaziergang kurz unterbrechen. Hier wohnte der berühmte Kulturhistoriker Jacob Burckhardt, zunächst von 1848–1855 und dann wieder nach der Rückkehr aus Zürich von 1858–1864. Er schreibt so nett über sein neuerliches Wohnen im selben Haus: «Es fehlt gegen früher nichts als das Clavier, braunes Haar, ein Zahn und diverse Illusionen; dagegen habe ich mehr Bücher und solidere Grundsätze.»

Nun geht es bergab zum «**Dalbeloch**» (Alban-Loch), wie es die Basler liebevoll nennen. Der Mühleberg ist der Hauptzugang zum Kloster St. Alban gewesen, wohl aber auch ein uralter Strassenzug, der schon von den Römern benutzt worden ist, die mit ihren Schiffen am Rheinufer anlegten.

Auf der rechten Seite entdeckt man zwischen den Bäumen die **Kirche St. Alban.** Spazieren Sie durch die Baumallee zum Eingang. Die romantisch gelegene Kirche gehörte zum ersten Kloster von Basel. Schon im Jahr 1083 wurde von Bischof Burkhard von Fenis hier ein Cluniazenser-Kloster gegründet. Er war ein äusserst bedeutender Bischof, ist ihm doch auch die erste Stadtummauerung zu verdanken. Diese Mauer des 11. Jahrhunderts wird deshalb auch Burkhard'sche Mauer genannt. Der Bischoff schenkte dem Kloster viel Land. Es erstreckte sich von der Stadtmauer (beim heutigen Kunstmuseum) bis nach St. Jakob.

Die zwölf Cluniazenser-Mönche fanden allerdings eine Wildnis vor. Sie liessen das Land roden und einen künstlichen Kanal, den **St. Alban-**

Teich, anlegen, der oberhalb St. Jakob von der Birs abgeleitet und im Alban-Tal in zwei Teicharme geteilt wurde. So lockte man zielbewusst Bewohner an diesen Ort, die mit der Wasserkraft Mühlen betreiben konnten und deshalb gerne ihre Häuser hier erbauten.

Vom ehemaligen Kloster steht noch die Kirche. Allerdings hat sie im Laufe der Zeit viele Veränderungen über sich ergehen lassen müssen. Die meisten Bauteile stammen aus dem 15. Jahrhundert.

Der kiesbestreute, kleine Platz vor der Kirche wird im Norden von einer Mauer begrenzt, in die ein Gitter eingefügt worden ist. Das erlaubt einen Blick in den wunderschönen **Kreuzgang** des ehemaligen Klosters. Er stammt mit seinen zierlichen Säulen aus der Zeit der Klostergründung, also dem 11. Jahrhundert.

Die Gebäude dahinter erinnern an die ehemaligen Klostergebäude. Zum Teil sind sie in den Hauptmauern erhalten, wurden aber im Laufe der Zeit vielfach umgestaltet und für andere Zwecke benutzt. So hat hier der Kunstmaler **Arnold Böcklin** seine Jugendzeit verbracht, da sein Vater in diesen Gebäuden eine Seidenbandfabrik betrieb, und auch der bedeutende Germanist Wilhelm Wackernagel hat hier gelebt.

Wenn Sie nun um die Kirche herumgehen, kommen Sie zum ersten Industriequartier der Stadt. So romantisch und ruhig das ganze **Alban-Tal** jetzt wirkt, so sehr war es doch ein enorm lärmiger Ort in früherer Zeit. Die vielen Mühlen mit ihren Rädern und ihrem Stampfen standen nie still. Vom 15. Jahrhundert an entstanden hier **Papiermühlen** zur Herstellung des Papiers. Ein gescheiter Geschäftsmann, Heinrich Halbysen, sagte sich, dass das viele Papier, welches beim damals tagenden Konzil gebraucht wurde, ja direkt in Basel hergestellt werden könnte. Im Laufe der Zeit entstanden an den beiden Teicharmen immer mehr Papiermühlen. Allmählich wurde dann auf maschinelle Fabrikation umgestellt, und wo es möglich war, wurden grosse Fabrikgebäude eingefügt, trotz der engen Verhältnisse. Durch die Entdeckung der Elektrizität schliesslich war die Wasserkraft überflüssig geworden, und die Fabrikation konnte auch an anderen Orten durchgeführt werden. Der letzte Vertreter der traditionsreichen Papierfabrikation hat 1954 das Alban-Tal verlassen.

Es ist dann fast ein wenig «vergessen» worden, dieses Quartier, befand es sich doch auch mit den Eisenbahnverbindungen stark im Abseits. Erst seit 1975 hat es sich deutlich zu wandeln begonnen. Das ist der Christoph-Merian-Stiftung zu verdanken, die damals und während vieler Jahre das ganze «Dalbeloch» saniert hat.

Hinter dem Chor der Kirche weitet sich die Strasse zu einem kleinen Platz aus. Besonders hübsch ist das Haus Hirzlimühle (Nr. 12) mit den bemalten Fensterläden und dem Wandgemälde links: Es zeigt den Schutzpatron St. Alban. Er wurde schon vor dem Klosterbau hier verehrt, wobei man nicht weiss, ob es der Mainzer oder der irische Alban war. Dargestellt ist hier jedenfalls die Legende des heiligen St. Alban von Mainz. Er trägt seinen Kopf unter dem Arm, weil er ihn bei seinem Martyriumstod noch bis zu seinem Grabe getragen habe, nach dem Abschlagen.

Rechts erblickt man ein rotes Gebäude, auch «Rote Fabrik» (Nr. 10) genannt. Es war früher eine Seidenbandfabrik Sarasin & Co., ist aber heute die herrlich gelegene **Jugendherberge** der Stadt mit 226 Betten.

Zwei ganz besondere Museen im Alban-Tal

Den rauschenden Teicharm überschreitet man auf einem Brücklein und kommt zum «Maja-Sacher-Platz». Maja Sacher verdankt man das moderne Gebäude, dessen Rückseite an den Platz grenzt. Es ist das **Museum für Gegenwartskunst**. Ein äusserst interessanter Bau, ist er doch zusammengesetzt aus der ehemaligen Papierfabrik Stöcklin (der letzten, die das Tal verlassen hat) und einem modernen Bau. Auch wenn Sie sich nicht für Gegewartskunst interessieren, lohnt es sich, einen Besuch in diesem Museum zu machen. Die Räume, die Brücken über den Teicharm und die Lichteinfälle sind äusserst reizvoll. Die Architekten Kathrin und Wilfried Steib haben 1980 das Kunststück fertig gebracht, einen modernen Bau mit einem alten Bau zu verbinden und eine Einheit entstehen zu lassen. Maja Sacher hat das Bauwerk gestiftet, weil darin die Emanuel-Hoffmann-Stiftung den passenden Rahmen gefunden hat. Diese Stiftung wurde von Maja Sacher errichtet in Erinnerung an ihren ersten Gatten, der bei einem Unfall sein Leben lassen musste. Beide hatten sie moderne Kunst gesammelt, und mit einem wunderbaren Sinn für das Gültige hat Frau Sacher immer wieder grossartige Kunstwerke hinzugefügt, von Mondrian bis Beuys.

Gehen Sie dem modernen Bau entlang zum Eingang des Museums und danach der Rheinuferpartie zu. Der Blick auf die Wettsteinbrücke und das Münster ist besonders schön, dazu haben Sie auch die Möglichkeit, hier eine **Fähre** zu besteigen. Machen Sie ruhig eine Fahrt hin und her, geniessen Sie das Rauschen des träge dahinfliessenden Rheins und betrachten Sie die Ufer.

Rheinaufwärts spazierend kommen Sie nun zu einem ganz modernen Gebäude. Hier wurde ein Spruch an die Wand gesprayt: «Welche Bausau baute diesen Saubau». Sie sehen, nicht immer geht es so freundlich zu in der Stadt Basel! Wieweit der Spruch berechtigt war, muss der

Betrachter selber entscheiden. Beabsichtigt war vom Architekten ein Nachempfinden der Industriebauten vom 19. Jahrhundert, von denen Sie einige im Alban-Tal entdecken können.

Direkt hinter diesem modernen Bauwerk versteckt finden Sie jedoch ein Juwel alter Zeit, ein malerisches Gebäude aus dem Mittelalter. Es ist die **Gallizianmühle**. Die Gebrüder Gallizian waren zuerst Mitarbeiter in der Papiermühle des ersten Basler «Papierers» Heinrich Halbysen. Obwohl sie offensichtlich nicht am Gewinn beteiligt waren bei der Papierherstellung (in den Steuerbüchern heisst es lakonisch «haben nichts»), machten sie sich selbstständig und kauften diese Mühle hier (1453). Sie betrieben sie siebzig Jahre lang, sodass das Haus seither ihren Namen trägt. Heute beherbergt das alte Gebäude mit seinem Wasserrad eines der meistbesuchten Museen Basels: das **Papiermuseum und Museum für Schrift und Druck**.

Basels Papier wurde überallhin exportiert. Man fand Papier mit Basler Wasserzeichen in Speyer, Mainz, Hannover, Berlin, London, Stockholm, ja selbst in Moskau! Die Qualität war berühmt und lockte sehr bald die Buchdrucker nach Basel. Zwischen 1470 und 1500 waren bereits gegen 80 Drucker in Basel tätig. Es gibt den schönen Satz: «Der Buchdruck ist wohl in Mainz erfunden worden, aber in Basel hat man ihn aus dem Schlamm gezogen» (Michael Wenssler 1472). Die Basler Buchdrucker waren so berühmt, dass Erasmus nach Basel gekommen ist und viele weitere Gelehrte, um hier ihre Bücher drucken zu lassen.

Das mächtige Wasserrad am Teicharm gibt etwa die Vorstellung davon, wie es vor Jahrhunderten hier ausgesehen hat, wobei man sich ein weiteres Rad gegenüber vorstellen muss, vor allem aber damit verbunden die mächtigen Stampfen, die Tag und Nacht gehämmert haben. An beiden Teicharmen des Alban-Tals waren je drei solcher «Zwillings-Mühlräder» angebracht.

Übrigens gab es bereits im Jahre 1221 eine Energiekrise hier im Dalbeloch! Graf von Homberg sperrte nämlich den Teich weiter oben total ab und leitete das Wasser um. Die Teicharme blieben plötzlich ohne Wasser – alles stand still! Der Prior des Albanklosters schrieb in seinen Büchern darüber: «Der Graf tut das aus frasigem Neid und Eingabe des Teufels.»

Im Museum hat man die einzigartige Möglichkeit, selbst Papier zu schöpfen auf mittelalterliche Art (es ist damals aus alten, zerstampften Lumpen hergestellt worden). Sie sehen die alten Stampfen, die Bütten und dazu verschiedene Siebe mit interessanten Wasserzeichen. Im ehemaligen Lumpenkeller kann man alle denkbaren Arten der Papierherstellung aus den verschiedenen Ländern und Zeiten studieren. Im

«Klein-Venedig» am St. Alban-Teich.

oberen Stock findet man in der vornehmen Empfangsstube alles über die Entstehung der Schrift, bestaunt in einer vollkommen erhaltenen Stube aus gotischer Zeit die prachtvoll geschnitzte Holzdecke und lernt alles über die Herstellung der Bleilettern und über den Buchdruck.

Die Stadtmauer: Vom Letziturm zum St. Alban-Tor

Angrenzend und nicht zu übersehen die Stadtmauer des 14. Jahrhunderts mit dem **Letziturm** als Abschluss und dem gedeckten Wehrgang (Letzen = abwehren, hindern). Oft ist die Türe beim Turm offen, sodass man sogar zum Wehrgang hinaufsteigen kann.

Die Gallizianmühle ist auch von der Rückseite her sehenswert mit dem gotischen Treppenturm. Direkt daneben steht die Rychmühle. Sie war die Papiermühle des ersten Herstellers Halbysen. Heute beherbergt sie im Erdgeschoss die Münsterbauhütte. Im Sommer kann man Steinmetz und Bildhauer vor der Türe im Freien arbeiten sehen. Dazu muss man allerdings auf die andere Seite des Hauses gehen. So kommt man zu einem kleinen, intimen Platz mit einem Brunnen, dem Schindelhof. Hier wurden früher Schindeln hergestellt. Die Baumstämme dazu wurden vom Jura über die Birs und den Teich hierher geflösst.

Gegen den Hang hin spazierend stossen Sie auf den anderen Teicharm. Ein malerisches Bild, fast ein wenig Klein-Venedig! Der Blick führt bis zum Turm der Klosterkirche St. Alban.

Am Haus «neben der Brugg des Tychs» rechter Hand ist über der Wasseroberfläche des Teiches ein Brett angebracht. Es diente früher zum Wäsche waschen.

Die **Stadtmauer** aus dem 14. Jahrhundert kann man auch von der Aussenseite her betrachten. Man folgt dem Teichfluss aufwärts bis zur Brücke, überquert diese und gelangt so in den ehemaligen Stadtgraben ausserhalb der Mauer. Ein imposanter Anblick, diese hohe Mauer mit den Zinnen! Als sie die Stadt noch ganz umschlossen hielt, waren es 1200 Zinnen, 40 Türme und 7 Tore. Die Türme folgten einander in regelmässigem Abstand. Er war berechnet auf zwei Pfeilschusslängen, damit nie ein Feind die Mauer unbewacht erreichen konnte. Die andere Seite des Stadtgrabens wurde begrenzt durch die Contremauer, auch heute noch zu erkennen. Dahinter rodete man das Gelände, um eine gute Übersicht zu haben auf alles, was sich der Stadt näherte. Ein gerodeter Wald, eine Waldlichtung, heisst übrigens Göllhardt = **Gellert**. So heisst das beliebte Wohnquartier, welches sich südlich vom St. Alban-Tor erstreckt.

Zum **St. Alban-Tor** steigt man den Hang hinan, wobei man den Mauerverlauf, im Boden markiert, und auch stückweise die Mauer selbst verfolgen kann. Das Stadttor stand bereits hier, als das Klosterdorf seine eigene Ummauerung hatte im 13. Jahrhundert. Die untere Partie des Tores mit den Buckelquadern stammt noch aus jener Zeit. Alles andere ist erst mit der Stadtmauer des 14. Jahrhunderts erbaut worden.

Das Kleinbasel und andere Besonderheiten

Kleinbasel

Den schönsten Blick auf Grossbasel hat man vom Kleinbasel aus. Am besten geht man über die **Mittlere Brücke** und setzt sich in eines der hübschen Restaurants am Rheinufer. Der Blick auf das Münster, die prachtvollen Barockbauten und die Fassaden der schmalen, hohen Häuser ist ein besonders lohnender Anblick. Die Terrasse des Café Spitz bietet sich da besonders an, ist es doch zugleich ein historisch interessanter Ort.

Kleinbasel hat seine ganz eigene Entstehungsgeschichte. Ursprünglich befanden sich auf dieser Seite des Rheins zwei Dörfer, Oberbasel und Niederbasel. Niederbasel war mit einem Fährbetrieb mit der anderen Rheinseite verbunden.

Als nun der Bischof 1226 die Rheinbrücke baute, wollte er den wertvollen Bau auch auf der gegenüberliegenden Seite schützen. So zog er eine Mauer um den Brückenkopf und bat die Bewohner von Niederbasel und Oberbasel, sich in den Schutz der Mauer zu begeben, was die Leute sehr gerne taten, waren sie doch nun besser geschützt.

Das war der Anfang vom Kleinbasel. Kleinbasel war eine Siedlung für sich, mit eigenem Rat und Gericht, vom Grossbasel unabhängig. Politisch unterstand es zwar dem Bischof, kirchlich jedoch hatte der Bischof paradoxerweise nichts zu sagen! Die rechte Rheinseite gehörte, wie das Wiesental und der Breisgau, zum Bistum Konstanz.

Endes des 14. Jahrhunderts sah es danach aus, dass der Bischof Kleinbasel an das Haus Habsburg-Österreich verkaufen könnte, denn als Pfand hatte dieses den Ort bereits erhalten. Kurzentschlossen kaufte die Stadt Basel 1392 dem Bischof Kleinbasel ab für 30 000 Gulden.

Noch lange nach dem Kauf durch Grossbasel hatte Kleinbasel sein eigenes Gericht, und auch die Handwerker formierten sich nicht in Zünften wie im Grossbasel, sondern in Ehrengesellschaften. Im Kleinbasel haben vor allem einfache Leute gewohnt, Handwerker, Bauern, Fischer und Rebleute. Nur wenige Begüterte waren darunter.

Das **Café Spitz** (Hotel Merian) ist aus zwei Gründen ein für Kleinbasel historisch wichtiger Ort. Zuerst stand hier das Richterhaus der Kleinbasler, dann wurde daraus das Gesellschaftshaus der Ehrengesellschaften.

Die Angehörigen der drei Ehrengesellschaften «zum Greifen» (Müller, Gerber, Weber), «zur Hären» (Jäger, Fischer) und «zum Rebhaus» (Rebleute, Gärtner, Bauern) hatten jährlich ihren Treueid zu leisten und ihre Waffen vorzuzeigen. Daraus ist eine wunderschöne Tradition entstanden, die zum ganz besonderen Erlebnis wird, wenn man das Glück hat, ihr beiwohnen zu können.

Immer im Januar, am 13., 20. oder 27. Januar (fragen Sie bei Basel Tourismus), feiert man den «**Vogel Gryff**». Da kommt auf einem Floss der «Wilde Mann» den Rhein herunter und verneigt sich ehrerbietig grüssend gegen Kleinbasel – immer mit dem Rücken gegen Grossbasel! Dazu werden vom Floss aus Böllerschüsse abgefeuert. Es ist ein eindrückliches, urtümliches Bild. Bei der Mittleren Brücke kommt der Wilde Mann an Land und wird von den Schildhalter-Tieren der beiden anderen Ehrengesellschaften, dem Vogel Gryff (Greifenvogel) und dem Löwen in Empfang genommen. Die drei Gestalten tanzen danach auf der Brücke bei der Kapelle, aber auch hier immer mit dem Rücken gegen die Grossbasler Seite. Es ist auch noch nie vorgekommen, dass die drei ihren Fuss auf Grossbasels Boden gesetzt haben! Nun, die Grossbasler hatten dafür ja den «Lällekönig», der regelmässig seine Zunge gegen die Kleinbasler Seite herausstreckte …

Jede der drei Figuren hat ihre besonderen Tanzschritte. Die entsprechenden Anweisungen werden mündlich weitergegeben von Generation zu Generation. Der dumpfe Trommelklang, der die Tänze begleitet, und die eigenartigen Tanzschritte lassen keinen Zuschauer unberührt! Die drei Gestalten tanzen an verschiedenen Orten im Kleinbasel, dazu finden einige traditionelle Veranstaltungen statt – Sie brauchen einen echten Kleinbasler, der Sie in die Geheimnisse des «Vogel Gryff» einführt. Sollten Sie keinen zur Hand haben, freuen Sie sich über das, was Sie sehen und verstehen (oder erahnen) können.

Das heutige Gesellschaftshaus, das «Café Spitz», ist ein Bau aus dem 19. Jahrhundert, von Amadeus Merian erstellt (er hat auch das Hotel Drei Könige erbaut). Nachdem die besondere Verwaltung Kleinbasels überflüssig geworden war, kauften die drei Ehrengesellschaften zusammen das Richthaus und liessen einen Neubau erstellen (1841). Ein spitzes Türmchen auf dem Dach gab den Ausschlag zum Namen Café Spitz.

Vor diesem Gebäude war früher das **Marktzentrum** Kleinbasels. In den anschliessenden Gassen wohnten die Handwerker, aber auch die Fischer und Schiffer, Taglöhner und Weberinnen.

Wichtig für die Bewohner war der **Riehenteich**, der in drei Arme geteilt durch Kleinbasel floss. Das Wasser wurde in den Langen Erlen von der Wiese abgeleitet, einem Fluss, der im Schwarzwald entspringt. Das Wasser in den Teicharmen diente zum Wasserschöpfen, zum Flössen, aber auch für Mühlen. In mittelalterlicher Zeit beherrschten immerhin etwa sechzehn Kornmühlen das Stadtbild vom Kleinbasel, es gab aber auch Ölmühlen, Papiermühlen und Mühlen für Farbhölzer sowie Sägereien.

Von diesen Mühlen findet man heute nur noch einzelne Bauten, die an jene Zeit erinnern. Dazu spaziert man von der Mittleren Brücke rheinabwärts. Allerdings nicht, ohne zuerst der «**Helvetia**» am Brückenkopf (vis-à-vis vom Café Spitz) einen Besuch abgestattet zu haben. Die Figur ist ein Kunstwerk von **Bettina Eichin**. Helvetia sprang eines schönen Tages von Fernweh gepackt herunter von einer Zweifrankenmünze (man findet sie darauf abgebildet), packte ihre Lanze, ihren Schild und

Vogel Gryff. Das Floss des «Wilden Mannes» auf dem Rhein.

einen Koffer und spazierte hierher. Sehnsüchtig blickt sie in die Ferne (siehe hinteres Umschlagbild).

Nachdem Sie wohl vergeblich versucht haben, den Koffer aufzuheben, steigen Sie die Treppe zum Rheinufer hinunter. Zuerst schweift der Blick hinüber nach Grossbasel. Man erblickt das Hotel Drei Könige und viele schmale, hohe Häuser, dazu eine weitere Fähre, mit der man den Rhein überqueren kann. Rechter Hand kommt man nun zur Mechel-Mühle (Unterer Rheinweg Nr. 14), eine der letzten Zeugen der gewerblichen Tätigkeiten im früheren Kleinbasel. Es ist das Verdienst einer Versicherungsgesellschaft, dass das Haus noch diesen Eindruck vermittelt. Das alte Gebäude konnte nicht erhalten werden, sondern wurde als Rekonstruktion frisch erbaut. Den Namen Mechel-Mühle hat das Haus von den letzten Besitzern der Mühle, der Familie Mechel. Der letzte Mechel starb übrigens 1923 an einer Vergiftung, weil man in der Apotheke ein Rezept falsch gelesen hatte!

In diesem Quartier hat unter anderem die Familie **Merian** gewohnt. Die Familie betrieb eine Säge, und neben vielen berühmten Familienmitgliedern wurde hier im Kleinbasel 1593 der Kupferstecher und Kunstverleger **Matthäus Merian** geboren. Das Haus steht leider nicht mehr, auch sucht man vergeblich nach einer Erinnerungstafel. Dabei war er wohl der berühmteste Kleinbasler …

Etwas weiter rheinabwärts gelangen Sie zum **Klingental-Museum**. Es befindet sich in den ehrwürdigen Räumen des ehemaligen, vom berühmten Minnesänger Walther von Klingen gestifteten und nach ihm benannten Klosters **Klingental**.

Es war ein Frauenkloster. Alle Nonnen stammten aus begüterten, adeligen Familien. Sie gestalteten ihr Leben ziemlich frei und wehrten sich meist erfolgreich gegen eine strenge Oberaufsicht. Sie hatten aber einen etwas zwiespältigen Ruf, weil sie sich unter anderem erlaubten, nachts im Rhein zu baden – im sittenstrengen Basel eine unerhörte Tat! So erzählt man sich bis heute, es hätte einen unterirdischen Gang gegeben zum Dominikanerkloster auf der anderen Seite des Rheines (Predigerkirche), und weitere entsprechende Geschichten …

Vom Kloster steht nur noch die Klosterkirche und das so genannte Kleine Klingental mit dem Refektorium. Der Hauptteil des Klosters diente nach der Reformation als Spital und schliesslich zur Unterkunft des Militärs, sodass er leider im 19. Jahrhundert dem Bau einer Kaserne weichen musste. In der Klosterkirche, die im 19. Jahrhundert einen Teil der Kaserne bildete und für diesen Zweck mit Zwischenböden versehen wurde, sind heute Künstlerateliers eingerichtet worden mit einem Ausstellungsraum.

Im Klingental-Museum können die Originale der durch Kopien ersetzten Teile des Münsters in Ruhe und mit allen Details betrachtet werden. Kürzlich hat man übrigens festgestellt, dass die Balken des Dachstuhls vom Kleinen Klingental noch aus der Entstehungszeit des Klosters (1274) stammen.

Wir verlassen nun das Rheinufer und spazieren vor der Kaserne ganz um das Kleine Klingental herum. So gelangen wir zu einem verträumten Plätzchen. An der Klingentalmühle (Nr. 5/7), nach einem Grossbrand 1973 gemäss alten Dokumenten wieder aufgebaut, und am Bichtiger-Hus (Nr. 13) mit seiner wunderschönen Rosettentüre vorbei führt der Weg unter einem Torbogen durch wieder zum Café Spitz und von dort über die verkehrsreiche Greifengasse zur **Rheingasse**.

Das Haus «Zum Kaiserstuhl» (Nr. 23, heutiger Bau um 1800) steht am Ort des Wohnhauses der Familie Amerbach. **Bonifacius Amerbach** wohnte hier im 16. Jahrhundert. Er war Jurist, Sohn eines Buchdruckers und ein Freund von Erasmus von Rotterdam (sein Bild von Holbein gemalt finden Sie übrigens im Kunstmuseum). Schliesslich wurde er von Erasmus zum Erben erkoren, was zur Folge hatte, dass er nicht nur Bücher, sondern auch Bilder und weitere persönliche Dinge von **Erasmus** erbte. Sein Sohn, Basilius Amerbach, erweiterte die Bestände und sammelte alles, was der «Menschengeist Interessantes hervorgebracht hat». Die grosse Sammlung hatte bald keinen Platz mehr im Haus, sodass Amerbach hinter seinem Wohnsitz anbauen musste. Im 16. Jahrhundert war sein Kabinett eine Sehenswürdigkeit der Stadt Basel!

Die stolze Sammlung kam im 17. Jahrhundert zum Verkauf, und es ist dem Weitblick des Rates von Basel zu verdanken, dass die Stadt damals die hohe Summe von 9000 Talern ausgegeben hat, um die Sammlung zu erwerben. Sie ist zum Grundstock der zahlreichen Museen von Basel geworden. In vielen findet man etwas aus dem «Amerbach-Kabinett».

Nachdem Sie sich nun schon einige Zeit im Kleinbasel umgesehen und sich mit seiner Geschichte befasst haben, können Sie sich vielleicht vorstellen, wie sehr man sich als Bewohner mit diesem Stadtteil identifiziert. Wer immer im Kleinbasel geboren ist, möchte mit niemandem auf der Welt tauschen! Man ist ein so genannter «aagfrässene Glaibasler» …

Das kann zu Folgendem führen: Das Haus mit dem Restaurant «Zur Fischerstube» (Rheingasse Nr. 45) wurde vor einiger Zeit von einem echten Kleinbasler gekauft. Aber er wollte darin unbedingt Kleinbasler Bier ausschenken. Nun gab es in der Schweiz ein Kartellgesetz, welches vorschrieb, welche Marke Bier in den jeweiligen Restaurants ausgeschenkt werden durfte. Für die Fischerstube war kein Kleinbasler Bier vorgesehen. Die einzige Möglichkeit, seinen Wunsch doch noch zu verwirklichen, bestand für den Besitzer darin, eine eigene Brauerei zu gründen. So baute er kurzentschlossen im kleinen Hof hinter seinem Haus eine eigene Brauerei! Es ist eine der kleinsten in Europa, er aber kann nun glücklich Kleinbasler Bier geniessen und kredenzen.

Das kleine Haus «Zum Roten Schneck» schräg gegenüber der Fischerstube ist ein besonders malerisches Häuschen. Das Haus ist nur gerade ein Fenster breit! Es hat nicht nur einen reizenden Namen, sondern die Schnecke ist auch besonders hübsch an die Wand gemalt. Die Spitzbogentüre ist wegen der späteren Erhöhung der Rheingasse nicht mehr zu benutzen. Neben dem roten Schneck steht das Haus «Zum kleinen Sündenfall» – auch ein netter Name! Gehen Sie vor diesem Haus durch das Reverenzgässlein wieder zum Rheinufer hinunter. Einmal mehr bemerkt man dabei, dass die gotischen Häuser zwar schmal, aber dafür sehr tief gebaut worden sind. Während man rheinaufwärts schlendert, kann man sich wieder über die Grossbasler Rheinfront freuen. Vorbei an einem grünen Basilisken-Brunnen – mit einer kleinen Trinkschale unten für den Hund! – spaziert man eigentlich auf der Stadtmauer, die früher auch die Rheinfront geschützt hat. Erst Mitte des 19. Jahrhunderts wurde der Rheinweg angelegt und vor allem in den letzten Jahren zu dieser schönen Promenade umgestaltet.

Der Blick wird nun auf die Wettsteinbrücke gelenkt. Sie hat ihren Namen zu Ehren von **Johann Rudolf Wettstein**. Er war Bürgermeister von Basel und hat 1648 nach dem Dreissigjährigen Krieg in grossartigem diplomatischem Alleingang die Unabhängigkeit der Schweiz vom Deutschen Reich erlangt.

Sie können jetzt mit der Münsterfähre hinüber nach Grossbasel fahren. Für besonders Interessierte empfiehlt sich jedoch noch ein kleiner Abstecher zur Theodorskirche und zum Waisenhaus. Dazu spazieren Sie die nächste Strasse nach links (Riehentorstrasse).

Das Waisenhaus (ehemals Kartause)

An der nächsten Ecke (bei der Kartausgasse) erblickt man schräg gegenüber das Restaurant «**Zum Rebhaus**», einst der Sitz einer der drei Ehrengesellschaften. Die Fassade stammt aus dem 18. Jahrhundert. Besonders malerisch ist der Renaissance-Brunnen davor mit musizierenden Musen und einem Löwen auf dem Brunnstock.

Die Kartausgasse führt zur Theodorskirche. Dabei spaziert man der Mauer des ehemaligen Kartäuserklosters entlang. Heute befindet sich darin das **Waisenhaus**.

Das Kloster wurde 1401 gegründet von Oberstzunftmeister Jakob Zibol. Normalerweise wurde ja ein Kloster von einer hoch gestellten Persönlichkeit gestiftet, einem Bischof oder einem Fürsten, hier jedoch von einem Oberstzunftmeister!

Während des Basler Konzils (1431–1448) war die Blütezeit des Klosters. Da es das vornehmste und neueste war, bot es die beste Unterkunft, und so wohnten bedeutende Konzilsteilnehmer in seinen Mauern. Es wurde auch zum bevorzugten Bestattungsort. Zahlreiche Grabplatten und Totenschilde in der Klosterkirche zeugen noch heute davon: Die Bischöfe von Bologna, Utrecht, Como, Rochester und Worcester, der Patriarch von Aquileja, der Gesandte des Königs von Neapel sowie der Kardinal und Erzbischof von Arles, Ludovicus d'Aleman, haben in der Klosterkirche ihre letzte Ruhe gefunden. Die Grabtafeln und Totenschilde sind eine Kostbarkeit in der Klosterkirche, genauso wie die Glasfenster (auch aus dem 15. Jahrhundert), von denen vor allem die Scheibe des Henmann von Offenburg (siehe Petersgasse) erwähnt werden muss. Es ist die früheste Abbildung eines Apothekers nördlich der Alpen. Um die Kirche zu besuchen, fragen Sie an der Pforte des Waisenhauses. Ausserdem ist eine prunkvolle Gaststube, «Zschek-

Theodorskirche und Waisenhaus von der Pfalz beim Münster gesehen.

kenbürlin-Stube» genannt, im Waisenhaus erhalten. Hieronymus Zschekkenbürlin, der letzte Prior, stiftete sie 1509. Sie zeigt aufs Schönste, wie ein spätgotischer Wohnraum ausgesehen hat.

Nach der Reformation durften keine neuen Mönche mehr aufgenommen werden, sodass das Kloster 1564 leer wurde. 1669 richtete man darin ein Waisenhaus ein. Die soziale Not war damals gross nach dem Dreissigjährigen Krieg.

Zur Mustermesse und zum Rheinhafen

Die **Theodorskirche**, gegenüber dem Waisenhaus, befindet sich da, wo auch das Gotteshaus des Dorfes Niederbasel stand.

Nachdem Kleinbasel durch den Bau der Brücke gegründet worden war, wurde auch die Kirche neu erbaut. Sie stammt aus dem 13. und 14. Jahrhundert. Einige Grabtafeln erinnern an den Friedhof, der sich früher um die Kirche erstreckte.

Das dritte ehemalige Kloster vom Kleinbasel kann man zu Fuss von hier aus durch die Rebgasse erreichen (vor dem Eingang zur Theodorskirche stehend nach links, dann alles geradeaus). Das Kloster St. Clara diente dem Orden der Franziskanerinnen. Die Klostergebäude sind im 19. Jahrhundert abgerissen worden, die Kirche dient heute der Römisch-katholischen Kirchgemeinde. Der **Claraplatz**, früher der Friedhof der Kirche, ist zum Geschäftszentrum vom Kleinbasel geworden. Die Stimmung lässt einen oft an südliche Länder denken, leben doch heute sehr viele Ausländer auf dieser Seite des Rheins.

Der auswärtige Gast kommt oft zuerst zum Messe-Areal, zur **Mustermesse** (vom Claraplatz dem Tramgeleise folgend in fünf Minuten zu erreichen). Auf dem grossen Gelände finden das ganze Jahr hindurch Messen statt, nationale und internationale. Schon seit über fünfhundert Jahren werden in Basel Messen abgehalten. Das Privileg wurde der Stadt 1471 vom Kaiser erteilt. Ausserdem finden zahlreiche Kongresse statt im neuen **Kongress-Zentrum**, welches allen modernen Ansprüchen genügen kann.

Noch etwas weiter stadtauswärts findet man den Badischen Bahnhof. Der prachtvolle Bau wurde von **Karl Moser** in den Jahren 1909–1913 geschaffen. Davor finden Sie zwei grosse Skulpturen von Carl Burckhardt, die beiden Flüsse Wiese und Rhein darstellend.

Auch im Grossbasel hat der bedeutende Architekt Karl Moser zwei markante Bauten geschaffen: die evangelisch-reformierte **Pauluskirche,** 1898–1901 in byzantinischer Neoromanik, und die römisch-katholische **Antoniuskirche** 1926–1927, als einer der ersten schalungsrohunverputzten Beton-Grossbauten der Welt. Im Innern leuchten die herrlichen Glasfensterscheiben von Otto Staiger und Hans Stocker. Eine Besichtigung lohnt sich sehr. Sie finden die beiden Kirchen an der Ringstrasse im Nordwesten der Stadt, die vom Schweizer Bahnhof aus mit der Strassenbahnlinie 1 leicht zu erreichen ist.

Als kleine Reise empfehle ich Ihnen nun noch eine Schifffahrt auf dem Rhein. Sie können mittags an der Schifflände bei der Mittleren Brücke ein Stadtrundfahrtschiff besteigen, gemütlich speisend zum Rheinhafen fahren.

Am Dreiländereck treffen sich die Länder Frankreich, Deutschland und die Schweiz. Es ist erstaunlich, wie die Grenzen von blossem Auge kaum auszumachen sind. Auf der linken Rheinseite sieht man Hochhäuser, die noch in der Schweiz stehen, die kleineren Gebäude daneben befinden sich aber schon in Frankreich. Auf der rechten Rheinseite erblickt man einige Silos, welche zur Schweiz gehören, die Bäume daneben stehen aber bereits auf deutschem Boden. Übrigens: Wenn man Lust hat, kann man seinen Apéritif in Deutschland trinken, das Essen in Frankreich einnehmen und den schwarzen Kaffee in der Schweiz – alles am gleichen Abend!

Nahe bei der **Dreiländerecke** können Sie sich im Schifffahrtsmuseum «Unser Weg zum Meer» die Entwicklung der Rheinschifffahrt betrachten. Für das Binnenland Schweiz sind die Rheinhäfen von Basel enorm wichtig, ist doch der Rhein der einzige direkte Zugang zum Meer. Deshalb wird Basel oft auch «goldenes Tor» der Schweiz genannt.

Die Fasnacht

Die Basler Fasnacht beginnt am Montag *nach* Aschermittwoch, und zwar morgens um 4 Uhr mit dem «**Morgestraich**». Schlag vier erlischt in der ganzen Innenstadt das Licht, und es beginnt das Trommeln und Pfeifen, welches während der nächsten drei Tage kein Ende mehr nimmt. In der Dunkelheit werden riesengrosse Laternen durch die Gassen getragen, bemalt von Künstlern mit Themen, die das Jahr hindurch besonders aufgefallen sind. Die vielfarbig schimmernden Laternen schwanken durch die staunende Menschenmenge, während von allen Seiten aus allen Gassen zugleich die Züge der Trommler und Pfeifer würdigen Schrittes daherziehen. Die Trommler- und Pfeifergruppen (= Cliquen) sind maskiert, und zwar von Kopf bis Fuss, und tragen künstlerisch gestaltete Masken («Larven» genannt in Basel).

Am Montagnachmittag wird beim so genannten «**Cortège**» das von den Cliquen gewählte Thema in grossartiger Weise noch weiter ausgesponnen mit passenden, farbenprächtigen Kostümen und Larven. Auch hier wird die Laterne mitgetragen, darauf folgen die Piccolo-Pfeifer, ein Tambourmajor (in ganz speziellem Kostüm) und die Trommler. Jedes Jahr werden die Kostüme, die Larven und die Laternen entsprechend dem Thema neu angefertigt.

Die Fasnacht lässt sich nicht beschreiben, man muss sie miterleben. Wobei gleich anzumerken ist, dass die Basler dabei am liebsten unter sich sind! Sollten Sie trotzdem dabei sein wollen, dann sollten Sie sich weder bemalen, noch sonst irgendwie verkleiden. Der Zuschauer kommt nur mit einer «**Blagedde**» am Mantelkragen befestigt an die Fasnacht (man kann sie überall kaufen, sie hilft bei der Finanzierung mit, denn die Leute bezahlen die Kostüme aus dem eigenen Sack). Die ganze Stadt ist auf den Beinen. Aber man darf sich nicht Jubel, Trubel, Heiterkeit vorstellen, man freut sich eher nach innen. Dabei gehört mit zum Schönsten, hinter einer Gruppe von Trommlern und Pfeifern herzuschreiten durch die Gassen, um sich still an den Melodien zu erfreuen. Das nennt man in Basel «gässle».

Der Fasnachtsdienstag gehört den Kindern und abends den «Guggemusig»-Gruppen (Blechbläser im weitesten Sinne, welche nie ganz rein spielen wollen). Dazu findet man die äusserst stimmungsvolle **Laternenausstellung** auf dem Münsterplatz. Am Mittwoch geniessen alle nochmals das «Gässle» durch die Stadt – kurz: Es sind für die Basler erklärtermassen die schönsten drei Tage des Jahres.

Der Zoologische Garten

Der Zoologische Garten – in Basel liebevoll «**Zolli**» genannt – gehört zu den Hauptsehenswürdigkeiten der Stadt. Er wurde bereits 1874 gegründet. Er ist eine private Institution, und wer in Basel etwas auf sich hält, denkt bei Stiftungen und Geschenken immer auch an den Zolli.

Berühmt ist der Zoologische Garten für die vielen grossartigen Zuchterfolge. Der erste Gorilla in Gefangenschaft wurde im Basler Zoo geboren (worauf gleich ein Buch erschien mit dem Titel «Was wär' Basel ohne Affen?»). Auch Panzernashorn und Okapi gehören unter vielen anderen zu den beachtenswerten Zuchterfolgen. Sie können zu jeder Jahreszeit Jungtiere besichtigen. Am Eingang zum Zoo stehen sie alle auf einer Tafel verzeichnet.

Das Füttern der Tiere ist verboten, jedoch kann man unterhaltsame und interessante Stunden erleben beim Zusehen. Die Zeiten der Fütterung der Menschenaffen, Seelöwen und Raubtiere finden Sie ebenfalls am Eingang des Zoos angeschrieben.

Basler Fasnacht: «Binggisziigli» (Kinder-Clique) beim «Gässle».

Auch für die Kinder gibt es besondere Überraschungen: Einen kleinen Kinderzolli, wo man die Tiere streicheln und berühren darf.
Öffnungszeiten:
Sommer (1. Mai–15. Oktober) 8.00–18.30 Uhr
Winter (15. Oktober–Ende April) 8.00–17.00 Uhr
Sehr beliebt ist bei den Baslern auch ein Besuch der **Langen Erlen**. Es ist ein kleiner, intimer Tierpark am nordöstlichen Stadtrand gelegen. Hier findet man besonders Tiere aus der europäischen Fauna: Hirsche und Rehe, Ziegen und Enten tummeln sich in geräumigen Gehegen und kleinen Seen in einer lichten Waldlandschaft, die für ausgedehnte, erholsame Spaziergänge wie geschaffen ist.

Museen in Basel

Um alle dreissig Museen mit ihren einzigartigen Sammlungen besichtigen zu können, muss man sich wohl in Basel ansiedeln. Sicher haben Sie aber besondere Vorlieben und Interessen. Hier eine kurze Zusammenfassung, was Sie sich in den einzelnen Museen ansehen können: Achtung: Viele Museen sind am Montag geschlossen!
Am 1. Sonntag im Monat ist in vielen Museen der Eintritt frei.
Der **Basler Museums-Pass** (gültig in der ganzen Region) ist sehr zu empfehlen.

Kunstmuseum
Di–So 10–17 Uhr
St. Alban-Graben 16
Tel. 206 62 62
Internet: www.kunstmuseumbasel.ch
Die Sammlung des Kunstmuseums Basel gehört zu den bedeutendsten der Welt. Grundstock war das Amerbach-Kabinett, welches die Stadt bereits im 17. Jahrhundert erwarb und für die Öffentlichkeit zugänglich machte. Viele bedeutende Schenkungen, Stiftungen und Legate folgten im Laufe der Zeit und machten das Museum zu dem, was es heute ist.
Sie finden im 1. Stock:
Die **Alten Meister** (Eingangstüre rechter Hand), insbesondere kostbare Bildtafeln von Konrad Witz, Niklaus Manuel Deutsch, Hans Baldung Grien und vor allem eine ausserordentlich grosse Sammlung von Gemälden von Hans Holbein d. J. (Der tote Christus, der schreibende Erasmus, Familienbild Holbeins).
Die **Impressionisten** (Manet, Monet, van Gogh, Gauguin, Renoir, Cézanne), sowie die niederländischen Meister folgen in den anschliessenden Räumen.
Im Korridorumgang finden Sie die **Schweizer Meister** des 19. Jahrhunderts wie Anker, Koller, Buchser, Zünd und vor allem auch den Basler Arnold Böcklin (Toteninsel, die Pest usw.).
Im 2. Stock finden Sie:
Die **Meister des 20. Jahrhunderts**, insbesondere eine grossartige Sammlung von Bildern von Picasso. Braque, Juan Gris, Léger, Matisse, Chagall (Engelssturz), Franz Marc (Tierschicksale), Delaunay, Kokoschka (Windsbraut), Giacometti, Mondrian, Kandinsky, Klee, Miró und Dalí (brennende Giraffe), die Amerikaner Rothko, Newmann, Kline und Sam Francis sind mit beeindruckenden Beispielen vertreten.

Kupferstichkabinett und Bibliothek
Tel. 206 62 72
Hier finden Sie kostbare Zeichnungen und Druckgrafik vom 15.–20. Jahrhundert.

Antikenmuseum und Sammlung Ludwig
Di–So 10–17 Uhr, Mi 10–21 Uhr
St. Alban-Graben 5
Tel. 271 22 02
Internet: www.antikenmuseumbasel.ch

Das Basler Antikenmuseum ist das einzige Museum der Schweiz, das ausschliesslich der klassischen Antike gewidmet ist. Seine Gründung erfolgte 1961 und wurde durch das Zusammenwirken vieler gleichgesinnter Freunde der Antike ermöglicht. Vor allem die Initiative des damaligen Basler Ordinarius für Klassische Archäologie Karl Schefold und der Einsatz des ersten Präsidenten und Donators Robert Käppeli, führten dazu, dass viele weitere Donatoren Kunstwerke schenkten.

Einen gewichtigen Zuwachs erhielt das Museum 1980 mit der Schenkung der Antiken aus der Sammlung von Peter und Irene Ludwig, die die bestehenden Werke aufs Schönste ergänzte und das Museum zu einem grossen Anziehungspunkt werden liess. Eine Ägyptenabteilung ist im Aufbau.

In den intimen, ursprünglich zum Wohnen vorgesehenen Räumen der beiden klassizistischen Wohnhäuser, finden Sie vor allem die ausserordentlich kostbaren **griechischen Vasen** und die Kleinkunst ausgestellt. Im Gewölbekeller römische Sarkophage, Stücke von hoher Qualität, zu denen in erster Linie der **Medea-Sarkophag** gehört. Daneben eine Gruppe von spätrömischen Grabstelen aus Phrygien.

Im 1. Stock desselben Hauses ist eine einzigartige Sammlung grossgriechischer und sizilianischer Münzen aus Schweizer Privatbesitz zu sehen.

Die **Skulpturen** befinden sich im modernen Anbau. Im Erdgeschoss die archaischen und klassischen, im Untergeschoss die hellenistischen und römischen Werke.

Skulpturenhalle
Di–So 10–17 Uhr
Mittlere Strasse 17
Tel. 261 52 45
Internet: www.antikenmuseumbasel.ch

In dieser Sammlung von Abgüssen griechischer und römischer Skulpturen finden Sie als Besonderheit die Rekonstruktion der beiden **Parthenon-Giebel** und die Vereinigung aller Fragmente vom Bildschmuck dieses Tempels.

Historisches Museum

Mo und Mi–So 10–17 Uhr
Barfüsserkirche am Barfüsserplatz
Tel. 205 86 00
Internet: www.historischesmuseumbasel.ch
Im stimmungsvollen Raum der Barfüsserkirche finden Sie die geretteten Teile des berühmten Totentanzes (um 1440), herrliche oberrheinische **Bildteppiche** aus dem 15. Jahrhundert, kirchliche Geräte und Skulpturen, die alten Brunnstöcke und den **Basler Münsterschatz**.
Im Sous-Sol befindet sich eine reichhaltige Sammlung zur Illustration der Stadtgeschichte, wobei vor allem die Stuben aus der Zeit der Gotik, Renaissance und dem Barock bezaubern. Nicht zu vergessen sind die Münzsammlung und das Amerbach-Kabinett, sowie die Erzeugnisse der Goldschmiedkunst und die Zunftschätze.

Haus zum Kirschgarten

Di–So 10–17 Uhr
Elisabethenstrasse 27/29
Tel. 205 86 78
In einem prächtigen, früh-klassizistischen Palais des 18. Jahrhunderts finden Sie bezaubernde, stilgerecht eingerichtete Räume aus jener Zeit mit Möbeln, Tapisserien und Gemälden, zusammengetragen aus alten Basler Häusern. Besondere Freude bereitet eine entzückende Sammlung von Spielsachen, die im Dachstock des Hauses ausgestellt ist.
Ausserdem finden Liebhaber und Kenner von Porzellan eine grossartige Sammlung der Pauls-Eisenbeiss-Stiftung mit köstlichen Figuren von Meissen, Höchst, Ludwigsburg und Frankenthal, sowie Geschirr und Fayencen (im grossräumigen Keller), ebenso bezauberndes Glas (im Pavillon im Garten).
Im Anbau Kleiner Kirschgarten sind mehrere Sammlungen und Stiftungen von prachtvollen Uhren untergebracht (Sarasin, Dr. E. Gschwind und Nathan-Rupp): Sonnenuhren, Kutscheruhren, Räderuhren, Uhren mit beweglichen Figuren vom 15. bis 19. Jahrhundert und Taschenuhren. Im oberen Stockwerk setzt sich die Wohnkultur des grossen Kirschgartens fort mit Zimmern von der Biedermeierzeit bis hin zum Jugendstil.

Naturhistorisches Museum

Di–So 10–17 Uhr
Augustinergasse 2
Tel. 266 55 00

Im Parterre des Naturhistorischen Museums sieht man in einer umfassenden Lehrausstellung präparierte Tiere. Fast alle Säugetierarten und Vogelarten aus der Schweiz werden in einer grossen Schau versammelt. Die Säugetiere und Vögel aus anderen Ländern sind im obersten Stock ausgestellt. Neuerdings ist auch eine grossartige Käfersammlung dazugekommen.

Zu den Glanzpunkten des Museums gehört die **Mineralogie**, gesondert nach Arten aus der Schweiz und aus der ganzen Welt. Die Mineralien sind ebenfalls im Parterre in verdunkelten Räumen zu bewundern und leuchten unter gezieltem Scheinwerferlicht geheimnisvoll auf.

Im mittleren Geschoss finden Sie die **Osteologie**, die Lehre von den Knochen. Hier befinden sich Skelette von ausgestorbenen und auch noch lebenden Säugetieren. Im Gebiet der als Versteinerung erhaltenen Säugetiere ist die Sammlung von internationaler Bedeutung.

Ebenfalls im mittleren Stockwerk erlebt der Besucher Aufbau und Dynamik des schaligen Körpers der Erde und ihre Entstehung, anhand von Bild und Film und den wichtigsten Gesteinstypen aus der Natur. Besonders interessant ist für den Besucher das Modell eines Bohrschiffs, welches vordemonstriert, wie aus dem Boden des Ozeans Material geholt werden kann.

Im obersten Geschoss sind aus der berühmten **Reptiliensammlung** Schlangen zu sehen – besonders beeindruckend und faszinierend das Skelett einer Riesenpython – sowie eine Muschel- und Schneckensammlung in versteinerten Exemplaren.

Museum der Kulturen

Di–So 10–17 Uhr
Augustinergasse 2
Tel. 266 55 00
Internet: www.mkb.ch

Der Kern der ethnografischen Sammlung reicht in die erste Hälfte des 19. Jahrhunderts zurück, als reisefreudige Basler aus Übersee zahlreiche Gegenstände heimbrachten. So sind vor allem die Steinskulpturen mexikanischer Götter zu erwähnen und die geschnitzten Teile eines **Maya-Tempels** aus Tikal, Guatemala. Sie bilden einen der kostbaren Kerne des Museums, zusammen mit einer repräsentativen Sammlung präkolumbischer Tonfiguren.

In den folgenden Jahrzehnten erhielt das Museum sein einzigartiges, bis heute gültiges Gesicht. Der entscheidende Anteil daran ist verschiedenen Basler Persönlichkeiten zu verdanken, die ihre ganze Freizeit dem Aufbau des Museums widmeten.

Schwerpunkte der sehr sehenswerten Sammlungen sind heute insbesondere die **Südsee**, innerhalb Ozeanien ist es Melanesien, vor allem mit den Kulturen des Inselstaates Papua Neuguinea. Ebenso Indonesien, wobei einige Regionen wie die Insel **Bali** besonders in Erscheinung treten, und nicht zuletzt die afrikanische Sammlung.

Von internationalem Rang ist auch die **Textilsammlung**. Hier ist eine Orientierung über fast alle bekannten Textilverfahren möglich, von den technisch primitiven Formen bis zu kompliziertesten Webereien.

In einem ehemaligen Seidenbandherrenhaus, das vom Hauptgebäude aus zugänglich ist, finden Sie zudem Volkskunst aus ganz Europa und aus der Schweiz. Auch hier haben wichtige Einzelpersönlichkeiten entscheidend am Aufbau des Museums mitgewirkt.

Sie sehen Masken aus ganz Europa, Keramik, volkstümliche Malereien, Krippen, eine umfangreiche Sammlung von Ostereiern aus verschiedenen Ländern Europas, Hinterglasmalereien, volkskundliche Textilien, sowie eine Pflugsammlung, wie sie wohl kein zweites Museum besitzt.

Oft sind auch sehr interessante Sonderausstellungen zu sehen. Beim intimen kleinen Hof befindet sich ein Restaurant.

Museum für Gegenwartskunst

Di–So 11–17 Uhr
St. Alban-Rheinweg 60
Tel. 272 81 83
Internet: www.kunstmuseumbasel.ch

In diesem architektonisch äusserst interessanten Bau finden Sie Werke aus der Öffentlichen Kunstsammlung und vor allem aus der Emanuel-Hoffmann-Stiftung. Es betrifft vor allem die Jahre ab 1960 bis heute, so unter anderem Stella, Beuys, Chilida und viele mehr, sowie auch Sonderausstellungen zur Gegenwartskunst.

Basler Papiermühle
Schweizerisches Papiermuseum und Museum für Schrift und Druck
Di–So 14–17 Uhr
St. Alban-Tal 35/37
Tel. 272 96 52
In einer ehemaligen Papiermühle untergebracht, zeigt das Museum dem Besucher nicht nur, wie handgeschöpftes Büttenpapier entsteht, sondern man kann auch selbst versuchen, auf mittelalterliche Art Papier zu schöpfen! Weiter entdeckt man im alten Lumpenkeller andere Papierherstellungsarten, findet Wissenswertes über Schriften aus aller Welt, kann mitverfolgen, wie früher die Bleilettern gegossen wurden und wie die Druckkunst sich bis in die heutige Zeit entwickelt hat.

Puppenhausmuseum
Täglich 11–17 Uhr, Do 11–20 Uhr
Barfüsserplatz/Steinenvorstadt
Tel. 225 95 95 / 281 68 88
Internet: www.puppenhausmuseum.ch
Auf vier Stockwerken findet sich alles, was ein Kinderherz höher schlagen lässt: Puppenhäuser, Kaufmannsläden, Teddybären (über 2000) und vieles mehr.

Museum Jean Tinguely
Mi–So 11–19 Uhr (Mo und Di geschlossen)
Solitude Park, Grenzacherstrasse 210
Tel. 681 93 20
Internet: www.tinguely.ch
Das Museum ist dem Leben und Werk des Eisenplastikers Jean Tinguely gewidmet. Die beweglichen Werke von den Anfängen der 50er-Jahre bis zu den riesigen Maschinenskulpturen seiner letzten Jahre begeistern Jung und Alt. Der interessante Museumsbau wurde vom bedeutenden Architekten Mario Botta entworfen.

Anatomisches Museum

So 10–12 Uhr, Do 14–19 Uhr
Pestalozzi-Strasse 20
Tel. 267 35 35
Die von Generationen aufgebaute Sammlung enthält unter anderem das älteste Präparat der Welt! Es ist ein Skelett, welches Andreas Vesalius 1543 der Universität geschenkt hat. Die Sammlung dient vor allem der Ausbildung von Medizinstudenten, ist aber einmal pro Woche auch für das Publikum geöffnet.

Schweizerisches Feuerwehrmuseum

So 14–17 Uhr
Kornhausgasse 18
Tel. 268 14 00
Das Museum befindet sich im Areal der Basler Feuerwehr. Die Entwicklung des Feuerlöschwesens ist auf interessante und sehr unterhaltsame Art dargestellt, vom Eimer bis zur Automobil-Dampffeuerspritze.

Jüdisches Museum der Schweiz

Mo und Mi 14–17 Uhr, So 11–17 Uhr
Kornhausgasse 8
Tel. 261 95 14
Der Grundstock zum Ausstellungsgut stammt aus dem Schweizerischen Museum für Volkskunde, jedoch ergänzen die Sammlung Leihgaben aus Privatsammlungen und anderen Museen, sowie eigene Bestände.
Viele interessante und ausserordentlich schöne Objekte (Torah, Textilien und vieles mehr) helfen mit, dem Besucher die jüdische Kultur näher zu bringen und zu verstehen. In drei Gruppen gegliedert werden die Ausstellungsstücke präsentiert zu den Themen: jüdische Lehre, jüdisches Jahr, jüdisches Leben. Schliesslich findet man auch Dokumente zur Geschichte der Juden in Basel.

Sammlung Karikaturen & Cartoons

Mi und Sa 14–17.30 Uhr, So 10–17.30 Uhr
St. Alban-Vorstadt 28
Tel. 226 33 33 / 271 13 36
In einem intimen Privathaus finden Sie in Wechselausstellungen an den Wänden Karikaturen und Cartoons von allen bekannten internationalen Künstlern. Eine ausserordentlich köstliche Sammlung von Originalwerken!

Kutschen- und Schlittensammlung des Historischen Museums

Mi, Sa und So 14–17 Uhr
Scheune bei der Villa Merian in Brüglingen/St. Jakob (Tram Nr. 14) im Botanischen Garten
Tel. 205 86 00 (Historisches Museum)
Sie finden hier vornehme Kutschen und einzigartige Schlitten aus Basler Familienbesitz aus dem 18., 19. und 20. Jahrhundert.

Musikinstrumenten-Museum

Leonhardskirchplatz/Lohnhof
Eröffnung November 2000
Auskunft Historisches Museum Tel. 205 86 00
Es erwartet Sie eine der grössten und vielseitigsten Sammlungen von Musikinstrumenten der Schweiz. Man findet Saiteninstrumente (gezupfte, geschlagene oder gestrichene), Blasinstrumente aus Holz und Blech und das Schlagzeug mit den Basler Trommeln. Ausserdem kann der Werdegang einer Blockflöte, einer Trompete oder einer Violine verfolgt werden und mehrere Instrumente können durch Tonbandübertragung auch angehört werden.

Schweizerisches Pharmazie-Historisches Museum

Mo–Fr 9–12 und 14–17 Uhr
Totengässlein 3
Tel. 261 79 40 / 261 21 65
Das Apotheker-Museum, wie dieses Museum auch genannt wird, befindet sich in einem geschichtlich bedeutenden Gebäude: Hier befand sich einst die Offizin des Johannes Froben, Buchdrucker von Erasmus von Rotterdam! Hier verkehrte nicht nur Erasmus, sondern auch Paracelsus. Aus jener Zeit erhalten ist eine Privatkapelle, in der heute eine mittelalterliche Apotheke zu sehen ist (mit Aligator!). Weiter beherbergt das Museum historische Apotheken und viele alte, interessante Medikamente aus früheren Tagen (inkl. Rezept für einen Liebestrank) aus Europa, Ostasien und Afrika.

Museum Kleines Klingental

Mi und Sa 14–17 Uhr, So 10–17 Uhr
Unterer Rheinweg 26
Tel. 267 66 25
In den alten Klostergebäuden äusserst reizvoll ausgestellt finden Sie die Skulpturen des Basler Münsters, ein umfangreicher Bestand mit über 200 Originalobjekten. Es handelt sich dabei um bedeutende ro-

manische und gotische Werke der Bildhauerkunst. Dazu findet man ein faszinierendes Modell der Stadt Basel des 17. Jahrhunderts, ein Klostermodell und zwei Zellen der Nonnen.

Schweizerisches Sportmuseum

Mo–Fr 10–12, 14–17 Uhr, Sa 13–17 Uhr, So 11–17 Uhr
Missionsstrasse 28
Tel. 261 12 21
Sportgeräte in ausserordentlich reichhaltiger Vielfalt lassen den Besucher immer wieder staunen über das Gestern und Heute der beliebtesten Freizeitbeschäftigung.

Schweizerisches Schifffahrtsmuseum

März–November: Di, Sa, So 10–17 Uhr
Dezember–Februar: Di, Sa, So 10–17 Uhr
Beim Rheinhafen Kleinhüningen
Tel. 631 42 61
Die sehr unterhaltsame und interessante Ausstellung «Unser Weg zum Meer» vermittelt dem Besucher viele Einzelheiten über die wirtschaftliche Bedeutung der Rheinschifffahrt für die Schweiz als Binnenland. Historische und moderne Schiffsmodelle, ein riesiges Hafenmodell und eine Diatonbildschau orientieren auf unterhaltsame Art über die Schifffahrt auf dem Rhein und der Hochsee, und lassen den Rundgang durch die Ausstellung zum Erlebnis werden.

Filmmuseum

Blauenstrasse 49
Tel. 641 52 24
Seit über zwanzig Jahren zeigt das Filmmuseum für Filmbegeisterte seine interessante und vielseitige Sammlung.

Botanischer Garten der Universität Basel

Tagsüber offen (Tropenhaus von 9.15–11.30, 14–16 Uhr)
Schönbeinstrasse 6 (beim Spalentor)
Die Freilandanlage mitten in der Stadt bietet nicht nur erholsame Stunden, sondern interessanten Einblick in die reichhaltige Pflanzenwelt (mit Tropenhaus).

Botanischer Garten in Brüglingen
Täglich von 8 Uhr bis zur Dämmerung geöffnet.
St. Jakob (Tram Nr. 14)
Ein grosser Park mit Seen, Kräutergarten, Teichuferwegen und vor allem zur Frühlingszeit einer zauberhaften Sammlung von Hunderten von blühenden Iris, Fuchsien und Rhododendren erfreut sich bei Jung und Alt überaus grosser Beliebtheit.

Öffnungszeiten Basler Münster:
Winter (Mitte Oktober–Ostern): Mo–Sa 11–16 Uhr, So 14–16 Uhr
Sommer: Mo–Fr 10–17 Uhr, Sa 10–16 Uhr, So 12–17 Uhr

Wechselausstellungen

Architekturmuseum
Di–Fr 13–18 Uhr (vormittags auf Anfrage), Sa 10–16 Uhr, So 10–13 Uhr
Pfluggässlein 3
Tel. 261 14 13
Wechselnde Architektur-Ausstellungen.

Kunsthalle
Di–So 11–17 Uhr, Mi 11–20.30 Uhr
Steinenberg 7
Tel. 206 99 00
Wechselausstellungen von Malerei des 20. Jahrhunderts.

Ausstellungsraum Klingental
Mo–Fr 15–18 Uhr, Sa und So 11–16 Uhr
Kasernenstrasse 23
Tel. 681 66 98
Künstlerausstellungen.

Museen in der Region

(Fahrzeiten mit Auto oder öffentlichen Verkehrsmitteln)

Riehen: (20 Min. Tram Nr. 6)

Fondation Beyeler

Mo–So 10–18 Uhr, Mi bis 20 Uhr
Baselstrasse 101, 4125 Riehen
Tel. 645 97 00
Internet: www.beyeler.com
Die grossartige Sammlung von Hildy und Ernst Beyeler umfasst rund 180 Werke der klassischen Moderne, wie zum Beispiel Werke von Monet, Cézanne, van Gogh, Picasso, Warhol und Lichtenstein, sowie etwa 25 Objekte aus Afrika, Ozeanien und Alaska, die in die Ausstellung integriert sind. Der vom Architekten Renzo Piano für diese Sammlung konzipierte Bau ist ebenfalls eine Sehenswürdigkeit, wobei der Einbezug der Landschaft besonders begeistert.

Spielzeugmuseum, Dorf- und Rebbaumuseum

Mi–Sa 14–17 Uhr, So 10–17 Uhr
Baselstrasse 34, 4125 Riehen (Im Wettsteinhaus)
Tel. 641 28 29
Im historisch bedeutenden Wohnhaus von Johann Rudolf Wettstein (1594–1666, Bürgermeister von Basel) ist die Spielzeugsammlung des Schweizerischen Museums für Volkskunde untergebracht, eine entzückende Sammlung von Spielzeug aus ganz Europa. Neben ländlichem Spielzeug aus Erzeugnissen der Natur (Tannzapfen, Knochen), Spielzeug aus Nürnberg und dem Erzgebirge, findet man viele reizende Puppenstuben und -küchen, herrliche Eisenbahnen und auch Lern- und Beschäftigungsspiele. In weiteren Räumen befindet sich das Dorf- und Rebbaumuseum, das sich mit der Geschichte und dem Handwerk des Dorfes Riehen befasst.

Augst/Augusta Raurica: (15 Min. von Basel)
Die ehemalige Römerstadt ist mit dem Auto (Hinweisschilder auf der Autobahn verfolgen) leicht zu erreichen. Auch mit dem Schiff ab Schiffländte oder mit der Bahn ab Bahnhof SBB kann man Augusta Raurica einen Besuch abstatten (Station Kaiseraugst). Vom Bahnhof oder der Schiffstation aus durch das Dorf Kaiseraugst (das ehemalige Kastell aus spätrömischer Zeit), gelangen Sie in 10 Minuten zum Museum, dem Theater und dem Forum von Augusta Raurica.

Römermuseum Augst (beim Theater)
Mo 13–17 Uhr, Di–So 10–17 Uhr
Tel. 816 22 22
In einer römischen Villa (Rekonstruktion) wird in den einzelnen Wohn-
räumen auf unterhaltsame Art und Weise das Leben jener Zeit gezeigt.
Daneben finden Sie im Museum die reichhaltigen Funde aus Augusta
Raurica und vor allem den berühmten Silberschatz.
Ausserdem empfiehlt es sich sehr, dem originellen römischen Haus-
tierpark (unter anderem mit Wollschweinen) einen Besuch abzustatten.
Beachten Sie die Hinweistafeln.

Dornach: Goetheanum (15 Min. ab Basel, Tram Nr. 10)
Das Zentrum der von Rudolf Steiner gegründeten Antroposophischen
Gesellschaft befindet sich in einem architektonisch sehr interessanten
Bauwerk.

Liestal: Kantonsmuseum Baselland (20 Min. von Basel)
Di–Fr 10–12 und 14–17 Uhr, Sa und So 10–17 Uhr
Altes Zeughaus, Zeughausplatz 28, 4410 Liestal
Tel. 925 50 90 / 925 59 86
Hier finden Sie in erster Linie eine beeindruckende Ausstellung über die
Seidenbandindustrie und Weberei. Die Posamenter wohnten im Basel-
biet, noch bis vor einigen Jahrzehnten konnte man die Bandwebstühle
in den Bauernhäuser stehen sehen.

In Frankreich
Achtung: Die französischen Museen sind dienstags
geschlossen!

Mulhouse: (30 Min. von Basel)
Eisenbahnmuseum: Dieses Museum birgt eine der grössten Sammlungen von historischem Eisenbahnmaterial auf dem europäischen
Kontinent. Die gezeigten Dampflokomotiven, Lokomotiven, Triebwa-
gen, Wagen und Waggons sind alle authentisch und wurden von der
S.N.C.F., sowie der internationalen Schlafwagengesellschaft wieder-
hergerichtet.

Musée National de l'Automobile: Bugatti, Rolls-Royce, Mercedes
und praktisch alle anderen berühmten Marken sind in diesem Museum
zu finden, insgesamt 500 Fahrzeuge von 90 verschiedenen Marken,
ausgestellt in einer riesigen ehemaligen Wollspinnereihalle. Man spa-

ziert durch breite Alleen unter antiken Strassenlaternen an der gesamten Schlumpf-Sammlung vorbei.

Stoffdruck-Museum: Dieses direkt der wichtigsten Mülhauser Industrie entsprungene Museum veranschaulicht die Geschichte des Stoffdrucks von 1746 an. Sie finden elsässische Blumenstoffe, aristokratische Leinwand sowie Trachten und Taschentücher. Beeindruckend sind besonders die über 8 Millionen Stoffdruckmuster aus dem Elsass und aus aller Welt, Meisterwerke der Stoffdruckindustrie.

Rixheim: (5 km vor Mulhouse)
Tapeten-Museum: Die Tapetenmustersammlung ist in einem Schloss des 18. Jahrhunderts untergebracht und birgt über 130 000 zauberhafte Muster, von chinesischen handgemalten Tapeten vom 18. Jahrhundert bis hin zu einzigartigen Darstellungen aussereuropäischer Landschaften aus dem 19. Jahrhundert.

Ecomusée d'Alsace (Freilichtmuseum)
Ungersheim (bei Mulhouse, 40 Min. ab Basel mit dem Auto)
Täglich geöffnet: Juli/August 9–19 Uhr, Juni/September
9–18 Uhr, Mai/Oktober 10–17 Uhr, Wintermonate reduziert.
Auf Anfrage Besuch jederzeit möglich.
Ein grosses, bezauberndes Freilichtmuseum mit rund 60 zu einem Dorf gruppierten Fachwerkhäusern aus dem Elsass. Unterhaltsame und interessante Vorführungen zu verschiedenen Handwerkszweigen (Schmiede, Wagner, Sattler, Schuhmacher, Winzer), Bootsfahrten, Kutschenfahrten, Tieren und vieles mehr.

In Deutschland
Weil: (10 Min. von Basel mit dem Auto, Bus Nr. 5 ab Bad. Bahnof)
Vitra Design Museum
Charles-Eames-Strasse 1
Di–So 11–18 Uhr
Tel. (0049) 7621/ 702 32 00
Internet: www.design-museum.de
Ein besonderes Museum in einem architektonisch ausserordentlich interessanten modernen Gebäude. Sie finden darin köstliche Stühle auf jede nur denkbare Art aus dem 20. Jahrhundert.

Ein bisschen Geschichte

Kelten und Römer

374 n. Chr. wurde «Basilia» zum ersten Mal schriftlich erwähnt. Doch zahlreiche Funde einer ersten keltischen Siedlung in Basel stammen bereits aus dem 2./1. Jahrhundert v. Chr. Sie befand sich am linken Rheinufer (heute Novartis-Areal). Um 50 v. Chr. wurde diese Niederlassung aufgegeben (wohl im Zusammenhang mit der Schlacht von Bibracte), und es entstand eine neue auf der Anhöhe, wo heute das Münster steht. Obwohl sie nun mit einer Mauer geschützt war, wurde diese Siedlung 15 v. Chr. von den Römern erobert. Diese benutzten die strategisch günstige Lage des Hügelsporns dazu, ein Refugium zu bauen. Eine zivile Stadt gründeten die Römer weiter rheinaufwärts: Augusta Raurica. Davon sind heute noch eindrückliche Bauwerke zu sehen. Die bedeutende Römerstadt der Region war Augusta Raurica.

Die Alamannen

Von der Mitte des 3. Jahrhunderts an, als die Alamannen das Römerreich bedrängten, änderte sich die Situation. In Augusta Raurica erstellte man in aller Eile ein Kastell und gab die Stadtsiedlung auf. Diese wurde durch die Alamannen gebrandschatzt und zerstört. Somit ergab sich eine gleichwertige Stellung von Augusta Raurica und von Basel. Im Laufe der sehr wechselhaften folgenden Jahrhunderte erfolgte eine langsame Infiltierung der Gegend durch die Alamannen. Basel gewann an Bedeutung.

Der Bischof, der vom 4. Jarhundert an in Augusta Raurica residiert hatte, siedelte nach Basel über. Mit diesem Wechsel war die Entwicklung der Stadt gegeben. Basel wurde Bischofssitz, und Augusta Raurica (heute Augst und Kaiseraugst) trat für immer in den Hintergrund.

Die Bischofsstadt

Vom 8. Jahrhundert an sind die Namen der Bischöfe, die in Basel residierten, lückenlos überliefert. Trotz einer Zerstörung durch die Ungarn (917) blühte die Stadt auf. 1006 wurde Basel von Kaiser Heinrich II. als Pfand von Burgund übernommen. Der Kaiser übergab darauf dem Bischof auch die weltliche Herrschaft über die Stadt. 1033 kam Basel endgültig zum Deutschen Reich. Gegen Ende des 11. Jahrhunderts baute man unter dem bedeutenden Bischof Burkhard von Fenis eine schützende Mauer um die Stadt, die den Münsterhügel, die Häuser im Tal des Birsig und den Hügel dem Münster gegenüber umfasste.

Die Zünfte

Zu Beginn des 13. Jahrhunderts gewann die Stadt immer mehr an Bedeutung. 1226 erfolgte unter Bischof Heinrich von Thun der erste Brückenbau (an Stelle der heutigen Mittleren Brücke) und die Gründung zahlreicher Zünfte (ältester erhaltener Zunftbrief auch aus dem Jahre 1226). Die Zünfte spielten zunehmend eine wichtige Rolle, nahmen sie doch dem Bischof langsam die weltlichen Rechte aus der Hand: Der Bischof gab sie ihnen zuerst leihweise gegen Geld, das er dringend benötigte. Da er es aber nicht zurückzahlen konnte, behielten die Zünfte die Rechte und erlangten gesellschaftlich und politisch grosse Geltung. Ausserdem übernahmen sie vom Adel die Pflicht, die Stadtmauern zu bewachen und zu verteidigen, was zum Bau eines zweiten Befestigungrings führte (um 1300).

Pestepidemie und Erdbeben

In der Mitte des 14. Jahrhunderts brachen zwei grauenvolle Katastrophen über Basel herein: eine Pestepidemie (1349) und ein schweres Erdbeben (1356). Stadt und Kirchen nahmen schweren Schaden, trotzdem waren der Unternehmergeist und Bürgerfleiss nicht vernichtet. Im Gegenteil: die Stadt erblühte schöner und eindrucksvoller in den folgenden Jahren. Beim Wiederaufbau nahm man auch die Häuser, die vorher ausserhalb der Stadt entstanden waren, in den Schutz der Mauer, die deshalb weiter nach aussen versetzt wurde. Diese dritte Stadtbefestigung war Ende des 14. Jahrhunderts fertiggestellt.

Konzil, Papierherstellung und Buchdruck

Bereits wenige Jahrzehnte später tagte ein grosses Kirchenkonzil in den Mauern von Basel: von 1431 bis 1448. Während dieses Konzils wurde sogar ein Papst gewählt und auf dem Münsterplatz gekrönt: Felix V. – allerdings als Gegenpapst zum römischen!
Der Einfluss des Konzils war noch lange zu spüren. Es beeinflusste nicht nur die Gründung der Universität (1460), sondern auch den Beginn der Papierherstellung und des Buchdrucks. Die Qualität des in Basel hergestellten Papiers war ausserordentlich geschätzt, sodass die Buchdrucker sehr rasch nach Basel kamen. Die Buchdrucker wiederum waren so bedeutend, dass Gelehrte von Weltruf nach Basel zogen wie Erasmus von Rotterdam. Sie befruchteten das Geistesleben der Stadt zusammen mit einheimischen Gelehrten und machten Basel zu einer Hochburg humanistischer Gesinnung. Auch in der bildenden Kunst ist der Einfluss von Konzil und Buchdruck zu finden: Konrad Witz zur Zeit des Konzils, und Holbein d. J. zur Zeit von Erasmus, weilten in der Stadt.

Anschluss an die Eidgenossenschaft und Reformation

Von den Adeligen der Umgebung, welche politisch und wirtschaftlich in wachsendem Masse bedrängt wurden, erwarb die Stadt im 15. und 16. Jahrhundert ein Territorium nach dem anderen, sodass sich ein grösseres Untertanengebiet, welches den Baslern gehörte, herausbildete (Baselbiet).

Verbindungen mit den Eidgenossen (Schlacht von St. Jakob 1444, gemeinsame Teilnahme bei den Burgunderkriegen), sowie die grosse Bedrohung während des Schwabenkrieges 1499, veranlassten die Basler, ihren Alleingang als «reichsunmittelbare Stadt des Deutschen Reiches» neu zu überdenken. Das führte schliesslich zum Beitritt zur Eidgenossenschaft 1501.

Wenige Jahre danach, 1529, trat die Stadt zum reformierten Glauben über. Dieses Ereignis wirkte wie eine Zäsur. Der Geist der grossen Humanisten wich nach und nach einer kleinlichen und starren Geisteshaltung, die bis weit ins 17. und 18. Jahrhundert spürbar war. Das führte auch zur Herrschaft weniger Familien auf politischem Gebiet.

Seidenbandindustrie und Unabhängigkeit vom Deutschen Reich

Das protestantische Basel nahm Glaubensflüchtlinge auf, allerdings mit sehr gezielten Aufnahmebedingungen. Zu den besonders willkommenen gehörten die Seidenbandherren mit der Seidenbandindustrie, welche lange Zeit eine wichtige Rolle im Leben der Stadt spielte.

1648 gelang es dem Basler Bürgermeister Johann Rudolf Wettstein in grossartigem politischem Alleingang, die Unabhängigkeit der Schweiz vom Deutschen Reich auszuhandeln. Die Weitsicht und der Unternehmergeist einiger Basler trugen auch massgeblich zur wirtschaftlichen Grundlage des neuen schweizerischen Bundesstaates (1848) bei.

Schmerzlich war hingegen die Trennung der Landgebiete von der Stadt in die zwei Halbkantone Basel-Stadt und Baselland im Jahre 1833. Die Nachwirkungen dieses Entscheides sind leider bis heute deutlich zu spüren.

Industrialisierung und Gegenwart

Abgesehen von den grossen Barockbauten der Seidenbandherren, hatte sich das Stadtbild nur unwesentlich verändert. Die Bevölkerungszahl bewegte sich meist um 10000–15000 Personen, die Stadtmauer schützte die Stadt, abends wurden fleissig die Tore geschlossen.

Grosse Veränderungen ergaben sich aber mit dem Bevölkerungszuwachs durch die Industrialisierung. Innerhalb kurzer Zeit verdoppelte sich die Bevölkerungszahl laufend: 1850 waren es 30000 Einwohner,

1875 bereits 50 000, und bis 1950 war die Bevölkerung auf 200 000 Personen angewachsen! Bald erstreckte sich die Stadt bis zur Kantonsgrenze und die bestehenden Landreserven mussten weiter genutzt werden. Die Stadtmauer musste fallen, der Abbruch mittelalterlicher Häuser und das Erstellen grosser Gebäudekomplexe in der Innenstadt folgte.

Gleichzeitig hatte man für den Ausbau der Arbeitswege zu sorgen. Während man im Mittelalter seinen Beruf im eigenen Haus ausgeübt hatte, begab man sich nun auf den Weg zu den Fabriken. Lange Zeit wurde deshalb dem Verkehr absolute Priorität eingeräumt. Viele vertraute, enge Altstadtgassen, an die man heute mit Wehmut zurückdenkt, mussten dem Verkehr weichen.

Hingegen liessen Weitsicht, Klugheit und Unternehmergeist initiativer Männer (Rheinschifffahrt, Banken, Versicherungen, chemische Industrien usw.) die Stadt wirtschaftlich erstarken und zu dem werden, was sie heute ist.

Als Grenzstadt, aber auch als wichtiges Handelszentrum, versucht Basel im europäischen Raum seinen Platz zu finden, wobei ihm besonders die Beziehungen zu den Nachbarländern Frankreich und Deutschland am Herzen liegen.

Haben Sie die Stadt nun entdeckt und vielleicht ins Herz geschlossen? Hier einige Urteile über Basel. Vielleicht wollen Sie sich dem einen oder anderen anschliessen …

«Basel hatte wegen der Nähe zu Frankreich einen besonderen Reiz für mich …»
Goethe 1797

«Wirklich, ich glaube, das Leben in dieser Stadt muss entsetzlich langweilig sein! …»
Anna Gregorjewna Dostojewskij 1867

«… ich werde meinen Weg wieder über Basel nehmen.»
Kaiser Franz v. Österreich 1814

Personen- und Sachregister

Literaturhinweise

Berger, Ludwig
        Archäologischer Rundgang durch Basel
        Basel 1981

Burger, Arthur
        Brunnengeschichte der Stadt Basel
        Basel 1970

Jenny, Hans A.
        Basler Anekdoten
        Basel 1990

Lendorff, Gertrud
        Kleine Geschichten der Baslerin
        Basel 1967

Meier, Eugen A.
        Basel einst und jetzt
        Basel 1984

Müller C. A.
        Die schöne Altstadt
        Basel 1973

Teuteberg, René
        Basler Geschichte
        Basel 1988

        Berühmte Basler und ihre Zeit
        Basel 1976

Wanner, Gustav Adolf
        Menschen, Häuser, Schicksale I–III

Wanner, Gustav Adolf
    Berühmte Gäste in Basel
    Basel 1988

    Rund um Basels Denkmäler
    Basel 1975

Von Helen Liebendörfer ist bereits erschienen:

Spaziergänge zu Malern, Dichtern und Musikern in Basel